陕西师范大学优秀学术著作出版资助
陕西师范大学人文社会科学学术帮扶基金项目
陕西师范大学体育学院高水平成果培育项目（立项号：2022BA005）
北京体育大学自主科研课题博士生专项课题（立项号：2016BS010）

论民间习武共同体的文化生态保护

武超 著

人民体育出版社

图书在版编目（CIP）数据

论民间习武共同体的文化生态保护 / 武超著. -- 北京：人民体育出版社，2024
ISBN 978-7-5009-6380-6

Ⅰ.①论… Ⅱ.①武… Ⅲ.①武术—民间文化—文化研究 Ⅳ.①G852

中国国家版本馆CIP数据核字(2023)第219045号

*

人民体育出版社出版发行
北京建宏印刷有限公司印刷
新 华 书 店 经 销

*

710×1000 16开本 10.5印张 163千字
2024年2月第1版 2024年2月第1次印刷

*

ISBN 978-7-5009-6380-6
定价：55.00元

社址：北京市东城区体育馆路8号（天坛公园东门）
电话：67151482（发行部） 邮编：100061
传真：67151483 邮购：67118491
网址：www.psphpress.com
（购买本社图书，如遇有缺损页可与邮购部联系）

摘　要

　　形成于农耕文明时期的民间习武共同体随着冷兵器时代的终结、社会文明的更迭，以及生活方式的转变在生态文明新时代面临着存续的危机与挑战。为探究民间习武共同体时下面临的文化生存困境，寻求发展新机，建立民间习武共同体与文化生态环境之间的良性互动关系，探索维护拳种文化生态多样性与平衡性、实现民间习武共同体及其各拳种的可持续发展，本书采用文献查阅法、田野调查法、观察法、深度访谈法等研究方法，从保护民间习武共同体的视角出发，以"为什么保护民间习武共同体"和"怎样保护民间习武共同体"为问题导向，以生态文明理念为保护指导思想，运用文化生态系统和文化结构理论对民间习武共同体的文化生态结构及其面临的主要问题进行厘析，并提出相应的调节策略，旨在为传统武术及其他非物质文化遗产的保护研究和保护工作提供指导与参考。研究认为：

　　第一，在总结传统武术保护发展历史经验的基础上，梳理出拳种、传承人、武术文化三者之间的内在逻辑。为保护传统武术传与承的完整生态链，提出将"民间习武共同体"作为传统武术的保护主体。

第二，为避免传统武术保护再次陷入人类中心主义的保护误区，结合人类文明发展的启示，运用生态文明理念指导民间习武共同体的保护，为实现民间习武共同体的可持续发展，民间习武共同体的保护需重在保护其赖以存续的文化生态环境，形成民间习武共同体与其文化生态环境和谐发展的新局面。

第三，基于"武术文化"的视角，依据文化生态系统理论和文化结构理论解析民间习武共同体的文化生态结构，指出民间习武共同体的文化生态结构由"外生态"与"内生态"两部分构成。其中，民间习武共同体的外生态分为自然环境、社会环境和文化环境三部分，民间习武共同体的内生态分为物器技术层、制度习俗层和心理价值层三层次，并对民间习武共同体外生态与内生态各结构之间的相互关系、构成要素以及各自内涵进行阐释。

第四，结合对民间习武共同体文化生态结构的划分，对收集的资料进行整理归纳，指出民间习武共同体文化生态各结构当下面临的主要问题。认为"外生态"大环境中自然环境的破坏、社会环境的变迁、人们文化观念的转变，小环境中外来体育和竞技武术的挤压、部分拳种流失造成的拳种文化生态失衡；"内生态"中"复制"与"创新"功能的退化、师徒传承动力的匮乏、习武者对未来发展定位的迷茫等问题是影响民间习武共同体永续发展的"绊脚石"。

第五，根据民间习武共同体文化生态各结构面临的主要问题提出相应的解决对策。研究认为，民间习武共同体的外生态与内生态之间存在的矛盾主要有二：一是外生态不断发展变化与内生态发展相对滞后之间的矛盾；二是人们文化价值观念转变与民间习武共同体文化价值观念固守之间的矛盾，特别是民间习武共同体对传统武术技击价值定位的固守。调节策略有二：第一，依靠民间习武共同体的智慧与力量调节其内生态，以适应外生态的发展变化，为民间习武共同体外生态的可持续发展做出积极贡献。做法为：物器技术层既要走群众化路线，又要走精英化路线；制度习俗层应当善于利用名人效应，提高拳种社会知名度，完善师徒传承模式；心理价值层既要对传统武术进行"一体多翼"模式下的适应性改造，也要进行满足社会大众主流需求的适应性改造。第二，依靠政府及社会各界力量的协调配合，以改善民间习武共同体的外生态，为民间习武共同体内生态的可持续发展创造良好条件。做法为：外生态大环境要保护好物种丰富的自然生态环境，改善民间习武共同体的社会环境，大力宣扬传统武术的当代价值；小环境要保护好传统武术拳种的多样性，增加习练传统武术的"砝码"，通过普及传统武术教育的方式培养传统武术一般人才和通过建立四级传统武术教育系统的形式培养传统武术精英人才，大力开发传统武术的当代价值。

目 录

导论 ……………………………………………………（1）

一、研究缘起与依据 ……………………………………（1）
    （一）现实缘由：传统武术保护之困惑 …………（1）
    （二）理论依据：文化生态与文化结构 …………（1）
    （三）民族情怀：基于文化自觉的考量 …………（4）
    （四）个人情感：笔者的故乡武术情愫 …………（5）

二、研究目的与意义 ……………………………………（6）
    （一）研究目的 ……………………………………（6）
    （二）研究意义 ……………………………………（6）

三、研究方法与研究思路 ………………………………（8）
    （一）研究方法 ……………………………………（8）
    （二）研究思路 ……………………………………（9）

四、研究重点、难点与创新点 …………………………（10）
    （一）研究重点 ……………………………………（10）
    （二）研究难点 ……………………………………（10）
    （三）研究创新点 …………………………………（11）

五、国内外研究现状与评述……………………………（11）
  （一）民间习武共同体的研究现状………………………（11）
  （二）文化生态系统理论的研究现状……………………（13）
  （三）文化生态理论在武术研究领域的应用现状
    …………………………………………………………（16）
  （四）梁山地区武术的研究现状…………………………（23）

第一章　论民间习武共同体是保护基本单位……………（26）

第一节　传统武术保护的历史回顾……………………………（26）
  一、20世纪80年代的拳种保护……………………………（27）
  二、新千年申遗时的传承人保护…………………………（28）
  三、后奥运时期的武术文化保护…………………………（30）

第二节　对"拳种""传承人"及"武术文化"的关系论释
  ………………………………………………………………（31）
  一、拳种是武术文化的核心载体，是传统武术保护的
    主要内容………………………………………………（32）
  二、传承人是拳种传播的"火种"，是传统武术薪火相传
    的关键…………………………………………………（33）
  三、武术文化是拳种的价值所在，是传统武术保护
    的根本目的……………………………………………（34）

第三节　民间习武共同体作为传统武术保护主体的提出……（35）
  一、民间习武共同体的概念界定…………………………（36）
  二、民间习武共同体的内涵阐释…………………………（37）
  三、民间习武共同体作为传统武术保护主体的提出……（39）

第二章 论生态文明与民间习武共同体保护 (44)

第一节 传统武术保护中的"人类中心观"表现 (45)
一、"人类中心观"的内涵解读 (45)
二、传统武术保护中的"人类中心观"及其表现 (46)
三、传统武术保护中"人类中心观"立场的局限性 (47)

第二节 "生态文明观"是传统武术保护之所趋 (50)
一、生态文明理念是传统武术保护的时代选择 (50)
二、"生态文明观"对民间习武共同体保护的启迪 (52)

第三章 论民间习武共同体的文化生态结构 (57)

第一节 对民间习武共同体文化生态结构的剖析 (58)
一、"外生态"的理论基础：文化生态系统理论 (58)
二、"内生态"的理论基础：武术文化结构理论 (64)
三、民间习武共同体文化生态结构综论 (67)

第二节 对民间习武共同体文化生态结构构成要素的阐析 (71)
一、对民间习武共同体"外生态"构成要素的阐析 (71)
二、对民间习武共同体"内生态"构成要素的阐析 (77)

第四章 论民间习武共同体的文化生态危机 (79)

第一节 民间习武共同体"外生态"的时代危机 (79)
一、大环境危机 (80)
二、小环境危机 (91)

第二节 民间习武共同体"内生态"的时代危机…………（100）
    一、物器技术层危机："复制"与"创新"功能的退化
    ………………………………………………………（100）
    二、制度习俗层危机：缺少维系师徒传承的动力机制
    ………………………………………………………（102）
    三、心理价值层危机：对未来发展方向定位的迷茫……（105）

第五章　论民间习武共同体的文化生态调节…………（111）

第一节 调节内生态：以适应外生态的发展变化趋势………（112）
    一、物器技术层调节………………………………（112）
    二、制度习俗层调节………………………………（116）
    三、心理价值层调节………………………………（123）
第二节 调节外生态：以创造有利于发展的外部环境………（127）
    一、大环境调节……………………………………（127）
    二、小环境调节……………………………………（136）

结论 ……………………………………………………（152）

导 论

一、研究缘起与依据

（一）现实缘由：传统武术保护之困惑

传统武术的保护、传承与发展问题是近十余年来学界关注的焦点之一，相关研究成果层出不穷。纵观传统武术保护的发展历程，从20世纪80年代国家体委发起的一场长达3年之久的对全国传统武术拳种进行挖掘整理并对之实施"静态"保护的工作以来，到进入新千年传统武术迎来"申遗"热潮对"活态"传承主体"传承人"的空前重视，再到2008年竞技武术"入奥"失利，一些学者基于对传统武术"文化自觉""文化自信""文化自尊"的考量，继而将研究热情转向传统武术的"文化安全""文化空间""文化生态"（如温力、李吉远、龚建林、谢业雷、任峰等人于2008年以后发表的相关研究）等传统武术文化生存的环境领域，对传统武术的文化保护意识提升至空前高度，传统武术保护对象从"拳种"到"传承人"再到"武术文化"的几经更易不禁让人们反思："传统武术究竟要保护什么"及"如何对传统武术进行有效地保护"等问题，笔者基于这一对传统武术保护研究中出现的问题困惑和现实社会中传统武术传承发展面临的种种困难，提出了本文研究和解决的具体问题，明确了研究的具体方向和研究目标。

（二）理论依据：文化生态与文化结构

1. 文化生态理论的应用

近些年，随着非遗保护工作的深入开展和对非遗保护认识的不断深化,学界对非物质文化遗产的保护目光开始由对某具体项目的保护转向了该文化遗产生存所依赖的外部环境领域,对非物质文化遗产各项目生存的外部环境的研究力度逐渐加大,相关研究著作日益增多。2005年,国务院办公厅在颁布的《国务院办公厅关于加强我国非物质文化遗产保护工作的意见》(国办发〔2005〕18号)中明确指出:"随着全球化趋势的加强和现代化进程的加快,我国的文化生态发生了巨大变化,非物质文化遗产受到越来越大的冲击",以此为契机,"文化生态"概念开始进入更多的非物质文化遗产保护研究者的研究视野,学界普遍认为文化生态环境的变迁是非物质文化遗产日益衰落的罪魁祸首。同年,时任文化部部长孙家正在"人类口头与非物质文化遗产丛书"一书的总序中亦提到:"现代化进程的加快发展在世界范围内引起各国传统文化不同程度的损毁和加速消失,这会像许多物种灭绝影响自然生态环境一样影响文化生态的平衡,而且还将束缚人类思想的创造性,制约经济的可持续发展及社会的全面进步。"[1]孙家正先生运用生态学理论论述了丰富的传统文化对维系人类文化生态系统的平衡及促进人类社会和经济发展的重要意义,指出了各国传统文化存在的重要价值,标志着我国非遗学界对非物质文化遗产保护研究的重心由先前对非物质文化遗产的关注开始转向非物质文化遗产赖以生存的文化生态领域。特别是在党的十八大明确提出把生态文明建设提到与经济建设、政治建设、文化建设、社会建设并列的位置以来,生态文明时代的到来,对于非物质文化遗产在维系人类文化生态系统的平衡和建设文化生态文明方面发挥重要作用,日益凸显出文化生态理论在非物质文化遗产保护研究中的重要应用价值与理论研究意义。文化生态理论的应用给予包括传统武术在内的所有非物质文化遗产保护以越来越多的启示。

如今,人们越来越多地希望为非物质文化遗产创造一个可持续发展的文化生态环境。尤其是2006年9月国务院办公厅在印发的《国家"十一五"时期文化发展规划纲要》中提出"确定10个国家级民族民间

---

[1] 王文章,傅谨.人类口头与非物质文化遗产[C].杭州:浙江人民出版社,2005:1.

文化生态保护区"以来，以2007年3月文化部在厦门召开的第一次文化生态保护工作会议上，正式提出将闽南建设成为我国第一个文化生态保护区——闽南文化生态保护区为肇始，文化生态保护区的设立如雨后春笋般相继涌现。根据"中国非物质文化遗产网·中国非物质文化遗产数字博物馆"网站统计显示，截至2022年全国共设立了23个国家级文化生态保护（实验）区，如闽南文化生态保护实验区（福建省，2007年6月）、徽州文化生态保护实验区（安徽省、江西省，2008年1月）、热贡文化生态保护实验区（青海省，2008年8月）、羌族文化生态保护实验区（四川省、陕西省，2008年11月）等，极大地调动了这些区域非物质文化遗产项目发展的内驱力，学界亦开始加大了对非遗文化生态方面的研究力度。相关论文专著层出不穷，如对六盘山花儿文化生态保护区建设研究（2012年）、大连音乐文化生态研究（2012年）、宾阳炮龙的文化生态环境及其保护（2010年）、广陵琴派的文化生态研究（2008年）、中国民族传统体育文化生态研究（2015年）、风筝的文化生态学研究（2008年）等。而且相应地近几年文化生态在传统武术研究领域中出现的频次越来越高，表明学界越来越意识到文化生态研究对传统武术保护的重要性，如伍方清（2012年）的《文化生态视域下传统武术文化的研究》、黄尚军（2016年）的《武术传承与文化生态——黔中布依族铁链械研究》、陈星荣（2016年）的《文化生态视域下的福建鸣鹤拳研究》等，但是相对于其他非遗项目对文化生态领域的研究关注，仍处于相对落后的状态，而在"武术文化生态保护区"的建设方面更是一片空白。因此，这就亟须加强文化生态理论在传统武术研究中的应用力度和加大全国各拳种文化生态保护的研究，这不仅是传统武术保护的需要，同时也是非遗保护的大势所趋。

2. 武术文化结构划分的共识

文化结构理论是由我国著名学者庞朴在1986年发表的《文化的民族性与时代性》一文中提出来的，他认为，自鸦片战争以降，在中西方之间的一切矛盾冲突中，中国近代史所发生的一切深刻变化正是围绕着文化结构的三层次即"物质的层面→社会制度的层面→社会心理的层面"

的顺序依次展开[①]。后这一文化结构理论引入武术文化研究中，在《武术理论基础》一书中将武术文化结构划分为了"物器技术层、制度习俗层、心理价值层"三个层面，这一武术文化结构的划分得到了学界的普遍共识，为本文研究民间习武共同体的内生态提供了理论依据[②]。

（三）民族情怀：基于文化自觉的考量

"文化自觉"是费孝通先生于1997年在北京大学举办的第二届社会学人类学高级研讨班上提出来的。文化自觉的内涵是指："生活在一定文化中的人对其文化有'自知之明'，明白它的来历、形成过程、所具有的特色和它的发展的趋向，自知之明是为了加强对文化转型的自主能力，取得决定适应新环境、新时代文化选择的自主地位。"[③]费先生提出文化自觉的目的就在于唤起人们对自己国家民族"文化安全"的危机意识，自觉建立起守卫自己国家民族文化的思想觉悟，尊重文化的差异性和多样性，坚定维护世界文化的"多元一体格局"，以最终实现"各美其美，美人之美，美美与共，天下大同"这一"和而不同"的文化发展理念。

本文研究民间习武共同体文化生态保护的目的和意义也在于此，即深入考察生活在我们身边的民间习武群体，做到对其及其所承载的传统武术文化有自知之明，我们不仅要明白传统武术的来历、形成过程、所具有的特色和它的发展趋向，更重要的是明白民间习武群体对于维系文化生态多样性的重要意义及在当代传承与发展过程中面临的文化生态系统危机，根据时代发展的趋势、社会发展的需求和文化发展的需要，有的放矢地加强他们对其文化转型的自主能力，提高他们在新环境、新时代下的适应能力，取得适应新环境、新时代文化选择的自主地位，掌握发展的主动权，做到与时俱进，实现民间习武共同体的永续发展，保护

---

① 庞朴. 文化的民族性与时代性[J]. 北京社会科学，1986（02）：4-11.
② 全国体育院校教材委员会审定/武术理论基础[M]. 北京：人民体育出版社，1997：27.
③ 费孝通. 方李莉. 全球化与文化自觉：费孝通晚年文选[M]. 北京：外语教学与研究出版社，2013：50.

文化的多样性和维护文化生态系统的平衡性。这一研究目的正是出于对自己国家民族传统体育文化自觉的考量。正如学者刘魁立所言："文化学的文化生态概念之所以在近几年被比较广泛地采用，在客观上是源于经济全球化对中国文化的压力造成了严重的文化问题，在主观上是源于学界近些年的文化自觉意识达到了一个新的高度。"[①]

（四）个人情感：笔者的故乡武术情愫

笔者家在山东邹城，在市行政区划分上隶属于素有"东文西武"美誉的山东省济宁市。其中，"文"的美誉得益于济宁东部下辖的曲阜市至圣"孔子"和笔者故乡邹城市亚圣"孟子"；"武"的美誉得益于地处济宁西边的梁山水浒文化，《水浒传》描绘众多武艺高强的英雄好汉和梁山一带浓厚的民间习武风气。因此，笔者自幼生活在"文武兼备"的人文环境中，深受儒家思想和水浒文化的熏陶。1996年3月进入郓城某知名武校习武近十载，无论寒冬酷暑，苦练不辍。最初师从蔡秋红、罗衍海等老师，系统地练习了5年的武术套路，掌握了规定拳、自选拳、自选刀、自选枪、自选棍、自选剑、地躺拳、鹰拳、螳螂拳、醉拳、南拳、大朴刀、九节鞭等竞技武术拳械套路。之后，转学散打3年，师从杜同刚、周长勇等老师。最后，改练中国式摔跤近2年，师从朱成军老师。2005年9月考入成都体育学院武术系。因此，对梁山和郓城一带的武术不仅有着天然的感情，而且有着十年切身的习武经历，这姑且算作笔者选择梁山作为调研地区的一个主观原因。

从客观的角度而言，梁山武术在中国武术史和全国武术界中享有崇高的地位。梁山一带不仅是水浒故事的发生地和水浒文化的发源地，也是全国首批武术之乡。由于其特殊地理风貌和历史文化传统，自古以来民间尚武之风甚盛，当地盛传"喝了梁山的水，都会伸伸胳膊踢踢腿""家家插柳，户户打拳"等与习武有关的地方俗语。许多武术拳师

---

① 刘魁立.文化生态保护区问题刍议［J］.浙江师范大学学报：社会科学版，2007（3）：9-12.

在梁山一带的民间广泛传播武术、设馆授徒，村村习武已成为当地民间风俗。梁山不仅习武者众多，而且拳种丰富，如大洪拳、小洪拳、少林拳、梅花拳、迷踪拳、黄氏二郎拳、佛汉拳、岳家拳、阴阳拳等大小十余种拳种。20世纪80年代拍摄的电影纪录片《中华武术》节目曾把梁山作为中国武术四大发祥地之一进行了介绍。另据山东教育出版社出版的《齐鲁文化大辞典》称："梁山是中国武术四大发祥地之一，一向与河南少林、湖北武当、四川峨眉齐名。"这些都可以看出梁山地区在中国武术史和全国武术界中的重要影响力。因此，将梁山作为研究考察地区对于笔者而言既有主观情感的因素，亦有客观理性的思考，是情感主观与理性客观的统一，而且从传统武术的地域分布来看具有代表性和研究意义。

二、研究目的与意义

（一）研究目的

本研究从民间习武共同体保护的视角出发，以文化生态理念为指导思想，通过解析民间习武共同体的文化生态结构及其各要素当前存在的主要问题，找出民间习武共同体与其文化生态环境之间矛盾的症结所在。围绕构建民间习武共同体与其文化生态环境良性循环发展模式的设想，探索民间习武共同体在生态文明新时代背景下的保护策略与发展路径。本研究旨在维护我国传统武术拳种文化生态系统的多样性与平衡性，增强民间习武共同体的文化创造力和核心竞争力，充分发挥传统武术在当代文化生态环境中的作用与价值，实现传统武术各拳种的永续发展与繁荣，为包括传统武术在内的非物质文化遗产的保护研究及保护工作提供新的理念、思路与方法。

（二）研究意义

1. 理论意义

第一，开拓了民间习武共同体的应用研究领域。在以往关于传统武术保护与传承的研究中，我们往往将研究视角局限于拳种、传承人、师徒传承制度、文化空间等方面，而对民间习武共同体这一传统武术在传承与发展过程中自然形成的社会群体关注较少。据笔者目前所查阅到的关于民间习武共同体的文献仅有3篇，其中2篇为硕士学位论文，1篇为核心期刊论文。鉴于民间习武共同体是农耕文明时期宗法制度下的产物，是传统武术在传承与发展过程中自然形成的一个"以师父为中心，以习武为目的，以模拟血缘关系为特点"的社会群体，既具有普遍性，又具有特殊性，在传统武术的保护研究和保护工作中需要引起重视。本文在前人研究基础上，提出将民间习武共同体作为传统武术保护的基本单位，将其概念应用到传统武术的保护领域，从而拓展了民间习武共同体理论在应用研究领域方面的研究空间和研究价值。

第二，丰富了非物质文化遗产保护的理论研究。本研究提出将民间习武共同体作为传统武术保护的基本单位，保护传统武术传与承的生态链，该观点在传统武术保护研究中尚属首次，因而丰富了传统武术保护的理论研究。

再者，从民间习武共同体的视角，运用文化生态理论和文化结构理论解析民间习武共同体的文化生态系统并将其分为了"外生态"与"内生态"，这两个理论的结合使用在传统武术保护研究中是一种新的思路与尝试。特别是关于构建民间习武共同体与其文化生态环境良性循环发展模式理念的提出，不仅对武术学界而言，而且对于整个非遗保护学界来说，都属于比较新颖的观点，因而丰富了传统武术及其非物质文化遗产保护的研究。

2. 实践意义

针对民间习武共同体的内生态与外生态所面临的主要问题和主要矛盾所提出的具体解决对策及调节方案，不仅为传统武术的保护研究提供了新的思路与观点，而且也对传统武术保护工作的开展实施、传统武术文化生态保护区的建设及其他非物质文化遗产项目的保护都具有一定的实践意义和参考价值。

三、研究方法与研究思路

（一）研究方法

1. 文献资料法

通过中国知网等网络资源检索"文化学""生态学""文化生态学""文化生态系统""文化结构"等关键词，兼查"共同体""传统武术""传统武术保护""非物质文化遗产保护""梁山武术"等相关文献著作，下载并阅览了相关文献资料600余篇。其中，博士论文57篇，硕士论文33篇。通过北京体育大学图书馆和国家图书馆收集相关书籍著作63部，并且结合自身对梁山地区文化生态的实地考察，对所研究的问题进行了深入地思考、分析和讨论，为笔者提供研究思路和研究依据。

2. 田野调查法

为获取丰富而翔实的研究材料，笔者在论文撰写过程中3次深入梁山地区进行实地考察，每次考察期限为1~2个月，走访了济宁市体育局、梁山文化局、梁山体育局、梁山武术协会等单位和梁山镇任庄村、凤山村；杨营镇孙庄村；馆里乡的东李庄、刘仙庄、胡台庙；杨营乡的王连坡；马营乡的辛兴屯；后孙庄乡的孙庄；前集乡的前集、郑垓，小安山镇曹庄村、水屯村；梁山大寨里的郭庙村（刘洪元）、刘集、小路口的马那里及梁山城西南的木屯村等地，与部分民间武术拳师、武术爱好者、武术协会会员，以及与从事基层武术研究有关人员进行了广泛地交流与互动，为本文观点的提出及论证提供了事实依据。

3. 访谈法

（1）专家访谈：在本文选题和撰写期间，访谈了武术专业领域一些知名的专家学者，对本文的研究问题、研究思路、研究方法、研究内容及研究可行性等问题进行询问与请教。

（2）民间习武者访谈：在梁山地区进行实地调研期间，访谈了梁山地区比较有名的八大拳种流派的名家、传承人及他们的弟子。

（二）研究思路

首先，以传统武术保护的历史沿革为逻辑起点，提出困惑的问题，为保护传统武术传与承的生态链提出将民间习武共同体作为传统武术保护主体的观点；其次，以生态文明时代的生态文明理念为指导思想，指导民间习武共同体的保护；再次，依据文化生态系统和文化结构理论，对民间习武共同体的文化生态结构进行解析；然后，分析民间习武共同体的文化生态结构当前面临的主要问题；最后，根据民间习武共同体文化生态结构面临的主要问题提出针对性的解决对策。具体研究思路详见图1。

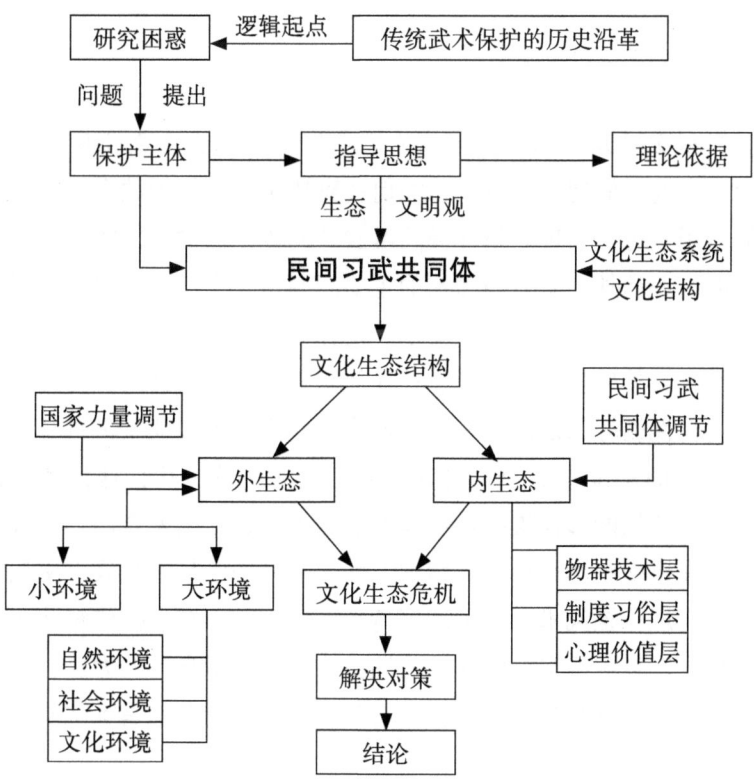

图1 民间习武共同体文化生态保护论研究思路图

四、研究重点、难点与创新点

（一）研究重点

通过解析民间习武共同体的文化生态结构及其各要素当前存在的主要问题，找出解决民间习武共同体文化生态结构各要素的具体对策，以及民间习武共同体与其文化生态环境之间矛盾的症结所在。

以构建民间习武共同体与其文化生态环境之间的良性循环发展模式为目标，探索新时代背景下民间习武共同体的保护策略与发展路径，维护我国传统武术拳种文化生态系统的多样性与平衡性，实现传统武术的永续发展。

（二）研究难点

在本文研究过程中需要深入思考以下问题：在文化生态环境发生巨大变迁的现实背景下，如何找到传统武术保护的有效方法；如何运用生态文明理念指导民间习武共同体的保护；民间习武共同体在内生态和外生态方面面临的主要问题是什么；民间习武共同体的内生态和外生态之间的主要矛盾是什么；如何调节民间习武共同体内生态与外生态之间的矛盾；如何实现民间习武共同体与文化生态环境良性循环的发展模式；如何为他们创造更多地发挥自身传统武术才能的岗位和机会，提升他们的生活质量、社会地位和习武尊严，使他们能够在维护社会和谐稳定方面，在国家全民健身战略方面，在重塑中华民族尚武精神方面，在弘扬中华传统武术文化方面，在实现传统武术各拳种的可持续发展方面，在维护传统武术拳种文化生态系统的多样性与平衡性方面继续贡献自己的力量，让每位习武者切身感受到习武的价值与意义，这些问题都是本文研究过程中需要面对和思考的难点。

（三）研究创新点

本研究创新点主要有以下5个方面：

（1）针对传统武术的保护研究，提出新的保护主体——民间习武共同体。

（2）运用生态文明理念指导民间习武共同体的保护，提出构建民间习武共同体与文化生态环境之间良性循环的发展模式。

（3）把文化生态系统理论和文化结构理论两个理论联系起来，作为剖析民间习武共同体内生态和外生态两个不同向度的理论依据，以此提出对民间习武共同体内生态和外生态双向保护的理念。

（4）提出民间习武共同体当代陷入发展困境的主要矛盾。即外生态的不断发展变化与内生态的发展相对滞后之间的矛盾和人们文化价值观转变与民间习武共同体对传统武术技击本质定位固守之间的矛盾。

（5）提出传统武术的保护策略是调节民间习武共同体的内生态与外生态两个系统。"内生态"的调节主要依靠民间习武共同体力量进行，调节目的是适应"外生态"的变化，以在当前发生变迁的文化生态环境中求得自身的生存与发展；"外生态"的调节主要依靠国家力量进行，调节目的是为民间习武共同体的发展创造一个良好的文化生态环境。

五、国内外研究现状与评述

根据本文拟研究的问题，将文献综述分为四个部分：一是民间习武共同体的研究现状；二是文化生态系统理论的研究现状；三是文化生态理论在武术研究领域的应用现状；四是梁山地区武术的研究现状。

（一）民间习武共同体的研究现状

民间习武共同体概念是由北京体育大学武术学院吕韶钧教授于2013

年提出来的[①]。吕韶钧教授在研究中对民间习武共同体的基本特征、组织形式及特点、社会文化基础分别进行了表述。研究认为民间习武共同体基本特征有三：第一，共同目标是民间习武共同体生成的前提；第二，身份认同是民间习武共同体存在的基础；第三，归属感是民间习武共同体维系的重要纽带。社会文化基础有三：一是差序结构（乡土性）；二是宗法制度（伦理性）；三是文化传承（传承性）。民间习武共同体与民间武术组织的区别在于"共同体"中的每一个成员，都有独立展示自己价值的舞台，而"组织"是一个复杂的大系统，各自的价值只能在这个系统中一起展现；"共同体"过度强调公平与稳定，以至于造成竞争力下降，而"组织"则鼓励创新，追求效能与功效，并以适应文化生态环境的变动为原则；"共同体"是以满足内部成员的需求为目的，"组织"只是将此作为手段，目的是强调组织的实际功能与功效。因此，通过共同体和组织的对比，可以清晰地了解到民间习武共同体与民间武术组织是不同的民间武术组织形式。就民间习武共同体而言，它是指在民间人们基于习武的目的通过拜师学拳的形式而聚集在一起的习武群体。而民间武术组织则不同，它通常是指普通的民众以习练武术活动为共同特征而组织在一起的一种有着明确的管理制度和组织形式，其机构健全、分工明确的互益群体组织。

此外，吕韶钧教授的硕士生张维凯（2013）在其硕士论文中对民间习武共同体的群体结构、传承方式和内容，以及民间习武共同体的时空特征和功能体现进行了详细阐释[②]。研究认为：民间习武共同体的概念定义是"在民间以师父为中心，习武者基于习武的意志通过拜师学拳方式而聚集融合在一起的社会群体"。民间习武共同体表现出来的特点是群体性、共同性、封闭性、自治性、稳定性、模拟血缘性。民间习武共同体与民间武术组织在存在形式、目的、等级关系、优秀特征、存在的

[①] 吕韶钧，张维凯. 民间习武共同体的提出及其社会文化基础 [J]. 北京体育大学学报，2013，36（9）：4-8，18.
[②] 张维凯. 民间习武共同体的研究 [D]. 北京：北京体育大学，2013.

理想状态、组织管理和行为准则等方面有着明显的区别，是两种不同的组织方式和社会人群。民间习武共同体形式的存在有其独特社会文化基础，它存在于民间，有着明显的乡土气息，其主要的表现形式是差序结构，也是民间习武共同体存在的社会基础。以师徒传承而组成师徒关系是严格的纯粹的宗法性质的，这种宗法制度为民间习武共同体的存在奠定了文化基础。民间习武共同体作为社会群体有着独特的群体结构，包括外部结构和内部结构两个结构维度，外部结构是一个封闭的略带神秘感的一群人，并且随着人们意识和观念的转变，其外部结构也不断发生着变化。在内部结构中表现为一代人和另一代人之间的师徒结构，该结构奠定了民间武术传承和发展的基础。民间习武共同体有着自己的传承方式和传承内容，在民间习武共同体中，师徒传承是其最主要的传承方式。武德和武术技法是其主要的传承内容。民间习武共同体作为一个存在社会中的事物，表现出了时间性和空间性的时空特征，在时间性特征表现为群体习武的时间安排，在空间性特征表现为群体习武场所的选择和安排，以及习武场所里面的空间布置等。民间习武共同体具有功能价值，它对于武术拳种的形成，武术文化的传承，社会的稳定做出了突出的贡献。

基于以上研究基础，本文提出将民间习武共同体作为传统武术保护主体的观点，将此概念应用于传统武术的保护之中，以解决传统武术的传承与发展问题。

（二）文化生态系统理论的研究现状

文化生态系统是文化生态学领域的核心研究内容，文化生态学是20世纪形成和发展起来的跨学科研究领域，是随着经济社会不断发展而出现的一个新概念。目前从国内外对文化生态系统的研究成果来看，主要有以下内容：

张诗亚（1992年）将文化生态系统的构成分为"自然环境（即群体赖以生存和发展的各种自然条件包括非生物的总和）、社会环境（即与群体生活相关联的各种社会条件的总和[①]。它包括该群体所构成的社会内部结构诸方面和该群体与其他群体的交往、关系等外部环境诸方面的关系）、精神环境（即该群体所共有的道德观念、价值体系、风俗习惯、宗教形态等诸方面的总和）"三个部分。司马云杰（2001年）认为："所谓文化生态系统，是指影响文化产生、发展的自然环境、科学技术、生计体制、社会组织及价值观念等变量构成的完整体系。它不只讲自然生态，而且讲文化与上述各种变量的共存关系。"[②]唐家路（2005年）在其文章中引用了这一概念[③]。黎德扬（2003年）等人认为："人类所创造的每一种文化，都是一个动态的有机体。各种文化在交流互动中吐故纳新，形成不同的文化群落、文化圈、文化链，并不断地演变。具有自身价值的每一文化群落，作为人类文化整体的有机组成部分，参与整个人类文化的流动和演化，显现其独特的作用。我们把这一动态的文化有机整体，称之为文化生态系统。"[④]同年7月，孙兆刚（2003年）重申了这一概念，认为："人类所创造的每一种文化都是一个动态的生命体，各种文化吐故纳新、交流互动而形成不同的文化群落、文化圈、文化链，具有自身价值的每一文化群落作为人类文化整体的有机组成部分，为维护整个人类文化的完整性发挥着自己独特的作用。我们把这一动态的文化网络称之为文化生态系统。"[⑤]江金波（2005年）认为："文化生态系统指由文化群落及其所在的地理环境（含自然环境与社会环境）构成的有机统一体。由于文化源于人化，广义的社会环境又可称为文化环境。所以，特定的文化生态系统均由特定的人群及其文化群落、自然环境与文化环境组成。简言之，文化生态系统就是人、文化与物质环境构成的有机整体，其中各部分（要素）以受制整体又牵制整体的方

[①] 张诗亚. 祭坛与讲坛——西南民族宗教教育比较研究 [M]. 昆明：云南教育出版社，1992：213.
[②] 司马云杰. 文化社会学 [M]. 北京：华夏出版社，2011，7：157-158.
[③] 唐家路. 民间艺术的文化生态研究 [J]. 山东社会科学，2005（11）：29.
[④] 黎德扬，孙兆刚. 论文化生态系统的演化 [J]. 武汉理工大学学报：社会科学版，2003（2）：97-98.
[⑤] 孙兆刚. 论文化生态系统 [J]. 系统辩证学学报，2003，11（3）：100.

式发生作用。"[1]李子贤（2006年）认为："所谓文化生态系统，是某一族群为了适应生存于其中的自然环境而对其进行长期的改造、加工而形成的具有特定人文特点的人工生态系统。它是由自然环境系统、经济文化系统、社会组织系统、精神文化系统组成的复合体。"[2]刘魁立（2007年）认为："文化生态系统是文化与自然环境、生产生活方式、经济形式、语言环境、社会组织、意识形态、价值观念等构成的相互作用的完整体系，具有动态性、开放性、整体性的特点。加强文化生态的保护，是文化遗产保护工作的重要组成部分。"[3]张元卉（2009年）认为："文化生态系统是指某一相对独立、完整的社会区域中的各种文化及其所赖以存在的自然环境、社会形态共同构成的有机整体，是一个不断变化和发展的动态系统。"[4]仰和芝（2009年）认为："文化生态系统应该指在某一相对独立、完整的社会区域中，各种文化因素以其独特的自然环境和社会环境为基础，根植于人们的生产方式和生活方式，并依赖于自身的各种制度框架运行的不断变化和发展的动态系统。"[5]朱义青（2014年）认为："文化生态系统是文化人类学中文化生态学的重要研究内容。文化生态是与自然生态相对应的概念，旨在研究文化的生成、发展与自然环境、社会文化环境之间的关系，以及人类如何适应环境、利用和改造环境而创造文化。"[6]刘登翰（2014年）等人认为："文化物种、文化生态环境和居于中心地位的人，是构成文化生态系统的三大要素。"[7]隋丽娜（2014年）将文化生态系统划分为四个层次：自然环境、科学技术、经济体制、社会组织和价值观，认为它们对文化产生发展的影响强度是递

---

[1] 江金波.论文化生态学的理论发展与新构架[J].人文地理，2005（4）：121-122.
[2] 李子贤.存在形态、动态结构与文化生态系统——神话研究的多维视点[J].云南师范大学学报：哲学社会科学版，2006（3）：64-65.
[3] 刘魁立.文化生态保护区问题刍议[J].浙江师范大学学报：社会科学版，2007（3）：9-12.
[4] 张元卉.社会转型前鄂伦春族的文化生态系统分析[J].世纪桥，2009（3）：72.
[5] 仰和芝.试论农村文化生态系统[J].江西社会科学，2009，9：233.
[6] 朱义青."和而不同"理念与当代文化生态建设[J].东岳论丛·历史研究，2014，35（5）：152.
[7] 刘登翰，陈耕.论文化生态保护——以厦门市闽南文化生态保护实验区为中心[M].福州：福建人民出版社，2014：44.

进的。显然，隋丽娜对文化生态系统的划分与司马云杰在《文化社会学》里的解释的文化生态系统模式是一样的[①]。黄正泉（2015年）认为："根据人与文化及文化之间的关系，文化生态包括了人与自然、人与历史、人与社会、人与自我四个层次系统，文化生态学就是研究这四个层次的智慧之学。"[②]黄正泉显然是从人的视角对文化生态的构成要素进行的分析。

从以上学者对文化生态系统的概念界定及层次划分中不难看出，尽管每位学者对文化生态系统的概念界定不尽相同，但是表达的观点基本一致，基本上都涵盖了人、文化及其生成发展的环境三个要素。综合以上解释，本文认为文化生态其实就是指人类文化生存发展所依赖的各种环境状态，这里的环境不仅包括水土、地域、气候、各种物种等所构成的自然环境，而且包括政治环境、经济环境、文化环境等构成的广义的社会环境。而文化生态系统则是指人类文化生存发展所依赖的各种环境要素所构成的有机整体。结合以上学者观点，本文将文化生态系统分为自然环境、社会环境、文化环境（精神环境）三个部分。

（三）文化生态理论在武术研究领域的应用现状

近几年，特别是2008年以后，文化生态学理论逐渐被武术学界所重视，在武术研究中得以广泛应用。主要研究如下：

温力（2008年）指出武术作为中国传统文化的一部分，需要本土文化和外来文化相结合、传统文化和现代文化相结合，利用"文化生态"这个新视角将传统武术继续发展下去[③]。吴桥（2008年）等人指出少数民族体育文化生态是指少数民族群众在一定时期、一定范围内创造的具有生态适应性特征、各种元素相互影响、相互制约的一种文化方式和状态[④]。

---

①隋丽娜.关中非物质文化遗产研究——文化生态学视角［M］.天津：南开大学出版社，2014，7：26.

②黄正泉.文化生态学［M］.北京：中国社会科学出版社，2015，2：40.

③温力.不断变化着的中国传统文化的文化生态和武术运动的发展［J］.武汉体育学院学报，2008，42（1）：5.

④吴桥，彭立群.文化生态学视野下的少数民族体育文化发展解读［J］.河北体育学院学报，2008（4）：86-87，90.

该文章主张建立可持续发展的文化生态系统。李吉远（2009年）等人从"文化生态"视角提出，要加强传统武术的地域文化生态环境及传统武术的师徒传承制度和"口传心授"方式等传承文化空间保护，认为传承人是传统武术文化空间的核心[①]。王林（2009年）等人指出传统武术的"传统"界定与原生态相违背、以技击为原点的传统武术不符合现代人的审美需求、文化生态的变迁导致传统武术的原生态传承缺乏土壤、传统武术自身的不断变迁拒绝"原生态"[②]。造成悖论的根源是对"原生态"内涵的理解出现偏差，非物质文化遗产下的传统武术传承需要的是变迁后的"原生态"文化，即原真的"次生态"文化。谢业雷（2009年）等人认为传统武术作为一种文化，其生存和发展的文化生态空间不断发生嬗变[③]。从"文化生态"视角认为，由于现代文明发展中个体肢体冲突及其安全意识的客观需要，现代生活方式中人们的健康需要，以及传统武术"情结"的文化交流、技艺传承需要，传统武术依然具有其他文化所无法取代的存在价值、生存理由及发展空间。王红芳（2011年）等人认为尽管民间武术拳种生存和发展的文化生态空间在不断发生嬗变，但其仍然具有现代化发展所需的防卫功能、休闲功能、维护民族文化生态功能等功能，并进一步提出民间武术拳种价值开发原则和开发策略[④]。刘小平（2011年）从文化生态学的视角探究武术存在和发展的一般状态，认为武术生态是武术存在和发展的基本形式，可按照文化生态学规律，对武术生态系统施加非负面干扰[⑤]。李吉远（2011年）指出将"文化生态"的概念引申到对传统武术的研究中，讨论了文化生态嬗

[①] 李吉远，谢业雷."文化生态"视阈下传统武术的传承与保护[J].西安体育学院学报，2009，26（2）：190-193.
[②] 王林，晋会峰，徐刚.非物质文化遗产视域下传统武术"原生态"传承之悖论[J].天津体育学院学报，2009，24（2）：158-161.
[③] 谢业雷，李吉远.文化生态视野下传统武术的生存价值研究[J].武汉体育学院学报，2009，43（1）：24-27.
[④] 王红芳，陈永辉，谭克理，陈勤.文化生态视野下中国民间武术拳种价值开发研究[J].首都体育学院学报，2011，23（3）：213-216.
[⑤] 刘小平.武术的生态存在和发展[J].中华武术·研究，2011，1（3）：8-11.

变下传统武术目前存在、发展的状态及其表现出的多元历史走向[1]。王红芳（2011年）等人从文化生态视野，对民间武术拳种的价值开发进行探讨，认为民间武术拳种在文化生态空间发生嬗变的今天，仍然具有现代社会发展所需要的防卫功能、休闲功能、维护民族文化生态功能，并进一步提出了地域性、重点性、人本性、创新性四个民间武术拳种价值开发所应当遵循的原则，以及深入开展普查、申遗工作，加强开展学校武术教育和强力打造人文氛围三个具体开发策略[2]。彭文兵（2012年）等人从"文化生态"视域指出徽州武术文化发展面临的境遇，提出保护徽州武术文化的价值[3]。周汉毅（2012年）等人研究认为稀有拳种是我国传统武术的重要组成部分，分析了保护稀有拳种的重要意义，提出保护稀有拳种传承人，利用现代手段进行静态保护，营造适宜稀有拳种发展的文化生态环境等具体保护措施[4]。金春霞（2012年）分析了当代中国武术繁荣下潜藏的传承危机，认为中国武术作为复兴中华传统文化的重要手段，需要各界凝聚起来，组建研修机构，重建文化土壤，形成文化生态，恢复文武双修的文化传统，培养合格武术人才，传承中华文化[5]。任锋（2013年）指出，武术生态是武术存在的基石和发展的驱动力；在当代中国文化生态视域下，通过构建与之相适应的武术生态场：政治话语基调下的主导武术——竞技武术生态场、人文话语基调下的精英武术——传统武术生态场，以及世俗话语基调下的大众武术生态场，保持武术生态文明，武术生态才能有旺盛的生命力[6]。华桦（2013年）等人从文化

---

[1] 李吉远. 文化生态嬗变下传统武术的历史走向[J]. 西安体育学院学报, 2011, 28(3): 322-325.

[2] 王红芳, 陈永辉, 谭克理, 陈勤. 文化生态视野下中国民间武术拳种价值开发研究[J]. 首都体育学院学报, 2011, 23(3): 213-216.

[3] 彭文兵, 杨昊. "文化生态"视域下徽州武术文化保护的价值[J]. 滁州学院学报, 2012, 14(2): 93-95.

[4] 周汉毅, 姜娟. 对我国稀有拳种的保护研究[J]. 沈阳体育学院学报, 2012, 31(2): 124-126.

[5] 金春霞. 关于中国武术传承的思考[J]. 成都体育学院学报, 2012, 38(11): 75-78.

[6] 任锋. 文化生态学视域下的武术多元化发展[J]. 成都体育学院学报, 2013, 39(11): 43.

生态角度审视武当武术,认为秦汉前后武当山地区的古代宗教与玄武崇拜;民风巫俗与神仙信仰、神仙方术与养生修炼活动等文化环境和文化条件,不仅是武当道教内丹养生术产生的文化环境和文化条件,也是武当武术文化产生的重要文化背景[1]。谭兆风(2013年)等人指出,将武术文化生态优化和新农村文化建设有机地结合起来,根据各地武术文化生态建设的实际需求和不同地域节庆活动的传统,因地制宜,进行针对性的扶持和指导,逐步实现农村武术文化生态的优化,为社会主义新农村建设做出贡献[2]。周惠新(2013年)等人认为,梅山武术文化的生态传承途径既具有乡土武术独特的神秘方式,也具有中国传统武术文化的若干显著特点;梅山武术文化的生态传承形态可分为原生态、次生态和现代形态三种乡土文化形态[3]。指出梅山武术文化发展出路在于扩大或增值自身的文化内涵,以适应民众已经改变或正在改变的文化需求。刘宏亮(2014年)等人通过对山东济宁、菏泽、枣庄三市传统武术传承状况的考察走访,分析了其传承的主要方式和面临的主要困境,建议为鲁西南传统武术营造利于传承的文化生态环境,加大财政投入,做好传统武术发展的长远规划与管理,优化鲁西南地区传统武术传承的综合方式;立法保障鲁西南地区传统武术的传承[4]。薛欣(2014年)对研究中的武术文化生态现实问题和如何传承发展做了较全面系统的回顾与总结,以期用文化生态学的维度审视目前研究瓶颈,展望发展趋势,为武术文化的生存区域和发展空间寻找新的理论依据和现实路径提供参考和借鉴[5]。龚建林(2015年)等人从文化生态视角对佛山武术之乡的形成、发展、现状及面临的困境等问题进行深入研究,并提出促进佛山武术发展的具体

---

[1] 桦桦,龙行年.武当武术文化生态研究[J].湖北社会科学,2013(5):193.
[2] 谭兆风,伍天慧.新农村建设语境下农村武术文化生态的优化[J].嘉应学院学报:自然科学,2013,31(5):86-89.
[3] 周惠新,蒋毅.中国乡土武术文化生态传承研究——以梅山武术为例[J].中华武术·研究,2013,2(8):28-31.
[4] 刘宏亮,刘红建.传统武术的传承困境与矫正路径研究——以鲁西南地区传统武术为例[J].武汉体育学院学报,2014,48(1):69-73.
[5] 薛欣.中国武术文化生态研究述评[J].搏击·武术科学,2014,11(8):15.

对策[①]。王洪珅（2016年）等人认为中国武术文化作为世界体育文化圈的一个"因子"，其发展与其所处的体育文化生态密切相关，从生态适应视域探寻了武术文化发展过程中与社会生态和文化生态的密切关联，在阐明武术文化和趋同适应的基础上，纵向梳理武术文化的演变历程[②]。认为武术文化是在不断趋同适应所处的社会生态和文化生态，并且不断演进和发展。温博（2016年）等人运用了历史学的研究方法和文化三层次理论，对中国武术文化变迁的文化生态成因进行了分析研究[③]。唐芒果（2016年）等人在总结武术非物质文化遗产传承人生产性保护模式实施现状与问题的基础上，提出政府主导下的公益性开发路径、市场主导下的文化产品经营路径、文化生态主导下的示范区建设路径、文化传播主导下的国际化发展路径等重要实施路径[④]。

此外，还有一些硕博论文研究，如郭彩云（2014年）从多元文化生态视角入手，分析文化生态影响下天津传统武术的产生与发展，这其中包括对天津传统武术的起源、武术组织、流传拳种、典型代表人物文化特点等的研究[⑤]。饶平（2015年）根据民族传统体育文化本身独有的特点和司马云杰先生关于文化生态的结构要素的理论，提出民族传统体育文化生态结构的三要素说，认为自然环境（民族传统体育文化自然环境）、人（身体运动中的人）、社会环境（政治、经济、教育和科技）是构成民族传统体育文化生态结构的三要素[⑥]。陈星荣（2016年）对福建鸣鹤拳的文化生态系统进行了研究，认为鸣鹤拳文化生态结构上分为鸣鹤拳文化的生成、存在和衍化三个方面。鸣鹤拳文化生态系统的生成主

[①] 龚建林，许斌. 文化生态视野下佛山武术之乡的形成与发展流变［J］. 武汉体育学院学报，2015，49（11）：62-66.

[②] 王洪珅，韩玉姬. 生态适应视域下武术文化的趋同适应研究［J］. 首都体育学院学报，2016，28（1）：81-84.

[③] 温博，王静，王旭景，石牙牙. 武术文化变迁及其文化生态成因［J］. 武汉体育学院学报，2016.50（6）：59.

[④] 唐芒果，孟涛. 武术非物质文化遗产传承人生产性保护模式及其路径研究［J］. 南京体育学院学报：社会科学版，2016，30（5）：13-18.

[⑤] 郭彩云. 多元文化生态影响下天津传统武术发展研究［D］. 天津：天津体育学院，2014.

[⑥] 饶平. 中国民族传统体育文化生态研究［D］. 长沙：湖南师范大学，2015：35.

要包括自然环境和人文环境的影响；鸣鹤拳文化生态系统的存在根据文化分层分为器物存在、制度存在和精神存在三个方面；鸣鹤拳文化生态系统的衍化在两个维度上进行：第一是时间维度上的遗传变异；第二是空间维度上的新陈代谢。此外，还提出了对鸣鹤拳保护、继承、发展的策略建议[①]。黄尚军（2016）认为铁链械承载着布依族的文化变迁史，是反映布依族文化生态的重要载体。通过对铁链械源流的考辨和历时形态的梳理，以及黔中布依族铁链械文化生态环境的研究，分析了铁链械当代传承困境，思考了传统武术的生存态势及未来发展趋势，并在研究中将文化生态环境分为历史人文背景、自然地理背景、文化土壤三个方面[②]。

另外，还有多篇文章在其研究中提到了文化生态。如尹碧昌（2010年）等人指出中国武术文化发展不应是一个独立的工作体系，必须与国家的宏观文化政策衔接，与社会主流文化发展同步，应该在政府的主导下培育具有中国文化独立品格的武术特质和与之相适应的文化生态环境[③]。王亚慧（2011年）等人指出城市化进程加快，都市文化日渐兴盛，农耕文化日趋衰微，传统武术所依赖的社会生态加速解构，以农耕、家族为传承平台的传统武术的传承体系遭到破坏，传统武术在多数大中城市难觅踪影，仅现于公园的中老年太极拳、木兰拳、健身气功等，急需建构新的拳种文化生态[④]。谭兆风（2011年）等人对农村武术文化生态进行调查研究，认为努力构建良好的农村武术文化生态，对武术自身的发扬光大和新农村建设都具有积极的意义[⑤]。吕旭涛（2011年）等人指出民族传统体育专业的生存与发展关系着民族文化复兴和世界体育文化生态体系的构建，提出提高生源质量、创新人才培养模式、在中小学单列武术课

[①] 陈星荣.文化生态视域下的福建鸣鹤拳研究[D].上海：上海体育学院学报，2016：1.

[②] 黄尚军.武术传承与文化生态——黔中布依族铁链械研究[D].武汉：华中师范大学，2016：36-53.

[③] 尹碧昌，彭鹏，郑锋.文化政策视野下中国武术文化发展研究[J].中国体育科技，2010，46（1）：106.

[④] 王亚慧，代凌江.传承与变革——论传统武术的自我维系[J].吉林体育学院学报，2011，27（3）：139.

[⑤] 谭兆风，伍天慧，吴洪革，伍天花，刘芬.农村武术文化生态特征调查与研究[J].南京体育学院学报，2011，25（4）：55.

等发展民族传统体育专业的对策[①]。

此外，李成银（2011年）提出了设立武术文化生态保护区的设想，成为武术学界第一位提出此观点的人[②]。

从以上研究中可以看到，近些年文化生态理论在武术研究中出现的频次越来越高，表明这一理论受到越来越多学者的关注和重视。大致来看，以上研究主要分为两类：一是从武术的视角研究其文化生态；二是从文化生态视角研究武术。虽然大多学者都意识到文化生态环境对传统武术发展的重要性，认为传统武术发展衰落的原因在于文化生态环境的变迁，但是运用文化生态理论探究传统武术衰落的深层原因和运用文化生态理论研究传统武术保护的文献并不多。传统武术又被称为"国术"，其对中华文化生态系统的重要性不言而喻，如同王岗（2007年）所言："进入21世纪文化全球化的今天，中华武术本身所具有的多样性和活态性的文化传统已经是我们守护的最后文化底线，它维护着最本源的文化信仰和天人合一的文化生态系统。"[③]所以对于传统武术的保护如果只从传统武术的视角来谈论或只从文化生态的视角来分析都是片面的、主观的、不完整的，因此，笔者认为应当从二者结合中去研究与分析，即研究传统武术的保护、传承与发展既要从传统武术可持续发展的视角研究，也要从文化生态环境可持续发展的视角考量。如今，关于传统武术与文化生态理论交叉融合的研究如同薛欣（2014年）在《中国体育报》《文化生态——武术发展研究新视角》一文中所说的那样："今天武术赖以生存的农耕文明生态系统的各个因素已发生改变，武术文化生态环境也随之改变[④]。随着生态文化研究的不断深入，用文化生态的思维，将新兴学科与中国武术文化研究交叉互融，强化中国武术文化生态的统领地位已是大势所趋。"由此可以预见的是文化生态学理论在传统

---

① 吕旭涛，洪浩.全球化背景下民族传统体育专业的生存与发展［J］.成都体育学院学报，2011，37（9）：78.
② 李成银.设立"水浒武术文化生态保护区"的可行性研究［J］.西南民族大学学报：人文社会科学版，2011（11）：141-143.
③ 王岗.中华武术：一个被忽视的活态文化传统［J］.搏击·武术科学，2007（08）：2.
④ 薛欣.文化生态——武术发展研究新视角［N］.中国体育报，2014（7）.

武术研究中的应用不过是"小荷才露尖尖角",以后会逐渐成为传统武术研究的重要方向之一。

(四)梁山地区武术的研究现状

水泊梁山是四大名著《水浒传》里梁山好汉的聚居地,是世界闻名的水浒文化发源地,也是中国著名的武术之乡,1982年被确定为中华武术四大发祥地之一。梁山武术拳种众多,武术文化底蕴深厚,但是至2016年12月底,经笔者在中国知网上以"梁山""武术""功夫"等为关键词查阅到的相关文献不足20篇,其中的高质量文章非常少,发表在核心期刊的文章仅有4篇,相关硕士学位论文4篇,由此可见对此地区武术研究关注度的贫乏与研究力度的不足。

1. 关于梁山地区武术方面的研究现状

李成银(2002年)等人对子午门功夫的由来、个性特征、地域文化特征及研究子午门功夫的意义与作用进行了研究[1]。马永通(2010年)指出梁山武术具有鲜明的文化特征,研究梁山武术对于弘扬民族传统武术文化,推动我国传统武术的发展具有积极意义[2]。刘富顺(2010年)等人认为保护水浒武术,关键要维护其生存空间,与社会互动、与教育结合、与地方经济相融合等,才能合理有效的继承与发展水浒武术[3]。穆瑞丽(2010年)等人对水浒武术文化产生的历史文化背景、影响水浒武术发展的主客观因素、水浒武术的特性及水浒武术的发展对策进行了研究[4]。刘富顺(2011年)等人对水浒武术文化的历史渊源进行分析,从地域文化的视角对水浒武术文化的形成、发展进行研究,论述水浒武术文

---

[1] 李成银,刘逢翔,张子民,王飞.子午门功夫与齐鲁文化[J].体育文化导刊,2002:49-50
[2] 马永通.梁山武术及其文化特征[J].吉林体育学院学报,2010,26(6):125.
[3] 刘富顺,穆瑞丽.水浒武术的继承与发展[J].四川体育科学,2010,4:18-20.
[4] 穆瑞丽,刘富顺.水浒武术文化的发展战略[J].搏击·武术科学,2010,7(5):19,20,29.

化的创新传统和源远流长的民俗武风,梳理水浒武术文化"崇文尚武、义气豪爽"的侠义精神及其文化结晶——子午门功夫。客观地对水浒武术文化的发展状况、问题进行分析,并提出了相应的发展对策[①]。杨友峰(2012年)从地域文化的视角对水浒武术文化的形成与发展进行了研究,指出特殊的地理背景、悠久的尚武传统是水浒文化产生的根源,分析水浒武术文化发展中的困境与机遇,并提出具体的发展对策[②]。尹成敏(2012年)等人认为围绕《水浒传》和"梁山功夫"探讨"水浒武术文化"《水浒传》中的武术文化、"水浒武术"及"梁山功夫"的概念界定和相关关系是进行水浒武术文化研究的前提,对于开辟武术文化研究的新领域具有重要意义[③]。刘宏亮(2013年)从武校自身发展和社会发展等多个层面剖析了梁山县武术学校的发展现状和困境,寻求武术学校发展衰退的原因及对策[④]。杜娟(2014年)从非物质文化遗产传承保护视角,探析了梁山武术的起源、文化表现形态、主要特征、历史文化价值和存续状态,提出了发掘、保护和传承的见解与思路[⑤]。刘宏亮(2014年)等人对鲁西南地区的济宁、菏泽、枣庄三地市的传统武术传承状况进行了研究,分析了三地传统武术的传承困境,并提出了矫正的路径[⑥]。

  以上研究既有对梁山个别拳种的研究,也有对梁山地区武术发展现状的研究;既有对梁山地区武术传承与保护的研究,又有对梁山地区水浒武术文化的研究等,从这些研究中可以看到,不仅学界对此地区关注度低,受多方面因素的影响,梁山地区民间武术的发展现状并不乐观。

---

① 刘富顺,刘瑞莲.水浒武术文化的探析及理性思考[J].山东体育学院学报,2011,27(8):39-42.
② 杨友峰.水浒武术文化发展研究[J].体育成人教育学刊,2012,28(6):15,16,19.
③ 尹成敏,李延猛.对"水浒武术文化"相关概念的探讨[J].搏击·武术科学,2012,9(05):31-32.
④ 刘宏亮.数量骤减:武校发展的没落,抑或规律——基于梁山县武术学校自身发展的探讨[J].体育研究与教育,2013,28(6):76-81.
⑤ 杜娟.浅析梁山武术的文化形态及传承保护[J].改革探索,2014:275.
⑥ 刘宏亮,刘红建.传统武术的传承困境与矫正路径研究——以鲁西南地区传统武术为例[J].武汉体育学院学报,2014.48(1):69.

因此，亟须加强对梁山地区武术的保护与研究。

2. 关于梁山地区武术其他方面的研究现状

蒋先灵（1992年）认为，随着梁山旅游事业的发展和改革开放的深入，梁山武术活动对于增进世界各国之间的友谊，发展国际间的文化交流，促进社会主义现代化建设，发挥着极其重要的作用[1]。梁山武术在国内外的影响将越来越大。李寿山（2010年）等人指出梁山县在深入挖掘水浒文化、做大做强旅游产业过程中，注重发挥武术之乡的优势，致力挖掘、整理、普及和发展传统武术文化，有力推动了水浒文化特别是武术文化的发展，提高了水泊梁山的知名度和影响力[2]。李成银（2011年）指出山东省梁山文化生态保护区是一个具有典型意义的中国传统文化区域，是中华武术的主要发源地之一，设立"水浒武术文化生态保护区"对于传承、弘扬这一地域性优秀传统文化，维护文化生态平衡，实现文化可持续发展具有重大意义[3]。王长虎（2015年）从水浒文化视角对梁山子午门功夫进行了研究，认为子午门功夫历史源远流长，拳种内容丰富，水浒文化特点突出，深受齐鲁、水浒文化的滋养和熏陶，形成了独特的武术文化[4]。

从以上寥寥数篇文献研究内容可以看到，梁山地区作为中国首批武术之乡和水浒文化的重要发生地及中华武术四大发祥地之一，学界对该地域投入的研究热情与力度还远远不够，因此，当我们在研究传统武术的传承与保护问题时，应当以此为契机，引起学界对全国武术之乡传统武术发展的关注，加强全国各个武术之乡传统武术的保护与研究工作，从而推动全国各地传统武术的保护、传承与发展。

---

[1] 蒋先灵. 梁山的尚武风俗［J］. 民俗研究，1992.4.
[2] 李寿山，刘继华. 梁山传统武术为水浒旅游增色［N］. 济宁日报，2010.A02版.
[3] 李成银. 设立"水浒武术文化生态保护区"的可行性研究［J］. 西南民族大学学报：人文社会科学版，2011（11）：141-143.
[4] 王长虎. 从水浒文化视角透视梁山子午门功夫的演进［J］. 中华武术·研究，2015，4（2）：61-65.

第一章　论民间习武共同体是保护基本单位

传统武术的保护与传承问题是近二十余年来武术研究领域中的研究热点之一，相关研究成果层出不穷。沉浸其中，不免察觉到一个虽"日用而不觉"却又不得不需要厘清的核心问题，即"保护什么与怎么保护"的问题，由于对这一问题的迷惑不清，导致我们时至今日在传统武术的保护工作中仍未达到预期的保护效果[①]。"前事不忘，后事之师"，面对时下不少传统武术拳种仍在日益没落甚至行将灭绝的危机，我们亟须从以往保护工作中汲取经验教训，反思传统武术所要具体保护的对象和所要采用的方法，解决传统武术在当前理论研究与保护实践中所遇到的一个"看似简单却又意义非凡"的"保护什么"和"怎么保护"的问题，以使传统武术早日摆脱传承与发展的困境，实现传统武术在新时代的繁荣发展。

第一节　传统武术保护的历史回顾

中华人民共和国成立之后，党和国家领导人对武术事业的发展高度重视。1950年，中华全国体育总会在北京召开了武术工作座谈会，把发展武术运动提到新中国体育工作的议事日程。1952年中央人民政府体育运动委员会成立后，便把武术列为推广项目，并设置了民族形式体育研究会，根据"取其精华、去其糟粕，百花齐放、推陈出新"的方针，负

[①] 袁祥.文物保护法：保护什么 怎么保护[N].光明日报，2002-10-.29.

责对武术等民族形式体育的挖掘、整理、继承和推广工作。1955年国家体育运动委员会在运动司下设武术科,后升格为武术处,专门负责与武术相关的各项工作。为了推动武术事业的发展,从1953年11月在天津举行的全国民族形式体育表演及竞赛大会开始,武术进入体育赛场,成为我国各大体育赛事中的重要一员,引起人民群众的广泛关注。特别是1979年1月国家体育运动委员会下发了《关于挖掘、整理武术遗产的通知》,开启了"抢救武术文化遗产"的先河,传统武术从此迈入国家非物质文化保护名单之列。[1]

一、20世纪80年代的拳种保护

众所周知,20世纪80年代,在国家体委武术挖掘整理领导小组的统一部署下,动员了8000多名人员,耗资100余万,开展了一场史无前例、声势浩大的"普查武术家底、抢救武术文化遗产"的挖掘整理工作。经过3年的普查摸底,初步查明的全国各地武术拳种共计129种,收集并保存了大量的、与传统武术相关的文物史料。可以说,通过这次对分布在我国各地民间武术遗产的大摸底,做到了心中有数,手上有物,这对于推动武术科研工作,加快武术的系统化、科学化有积极意义。而且,经历十年"文革"影响之后,通过这次挖整工作不仅使人们对全国各门各派的传统武术拳种有了一个较为全面而深入地了解和客观而科学地认识,而且在民间习武群体中也引起了强烈反响,同时调动了学界对民间武术的研究热情,可以说这次挖整工作对于传统武术的保护的确起到了一定的催化作用,但是由于未能从根本上改变传统武术的生境问题,因而亦就未能从根本上使大多数拳种摆脱传承困难与发展没落的命运[2]。

许多学者对于这次挖整工作亦有同样的观点。郭玉成认为:"由于武术是以'身传心授''师徒传承'为特征的,必须'活态'传播,因

---

[1] 国家体委武术研究院.中国武术史[M].北京:人民体育出版社,1996:361-462.
[2] 马廉祯.武术挖整思辨[J].体育文化导刊,2004,7:62.

此，以上措施并未能阻止民间武术的继续消亡。"①马廉祯认为："经过了这么多年以后，我们再次审视这次大规模的武术挖整时，竟有茫茫然不知其所以然的感觉。似乎一阵锣鼓喧天、鼓乐齐鸣之后一切归于平静，就像什么都没有发生过似的，除了一堆数字，我们看不到具体的挖掘、整理成果，更看不到由于挖掘、整理而带来的传统武术发展的新气象。"②洪浩等人也认为这次挖掘、整理工作，只保留了相应的书面记录、拳谱和录像，之后并没有对其进行系统的整理，使大部分研究成果"沉睡"至今。并指出，传统武术以"口传身授"和"师徒传承"为特征，必须"活态"传播，把"非物质"的武术进行"物质化"保存，不符合文化"活态传承"的规律，属于边缘性的保护③。可见，对拳种实施"静态"保护的方式只能保存传统武术的"形"，而无法守住传统武术的"魂"，无法发挥其蕴含的文化内容、民族心理、民族精神和价值观等抽象的东西④。因此，将传统武术拳种作为保护主体而进行"物质化"（静态保护）保存的路径显然是行不通的。

二、新千年申遗时的传承人保护

进入新千年后，世界各国在经济、政治、文化等方面的交流与合作越来越密切，形成"你中有我、我中有你"的全球一体化格局。受全球化的影响，各国各民族文化的发展在与外来文化的交流与碰撞中均受到不同程度的影响，我国亦未能幸免，传统文化赖以生存的文化空间遭受外来文化的严重挑战和挤压，不少传统文化（如木匠、钟表匠、皮影戏、剪纸等）濒临失传或业已消失，即便是幸存的一些传统文化（如少林武术，明代至清代，少林拳各项套路多达340余种，而现在所保留下来

---

①郭玉成.武术传承的文化空间[J].搏击·武术科学，2007，4（2）：2.
②马廉祯.武术挖整思辨[J].体育文化导刊，2004，7：62.
③洪浩，胡继云.文化安全：传统武术传承人保护的新视阈[J].武汉体育学院学报，2010，44（6）：55.
④王林，虞定海.传统武术非物质文化遗产传承的困境与对策[J].上海体育学院学报，2009，33（4）：87.

的大致不过40余种；又如笔者在梁山任庄村调查的迷踪拳，虽然该村仍保留着习武遗风，但是能将迷踪拳中的所有拳械套路、对练等完整地继承下来的却无一人）亦不得不面临着严重的文化萎缩问题[①]。为了维护世界文化的多样性和世界文化发展的多元化趋势，联合国教科文组织于2003年10月在第32届大会上通过了《保护非物质文化遗产公约》，我国于2004年8月28日第十届全国人民代表大会常务委员会第十一次会议批准加入该公约。《保护非物质文化遗产公约》的颁布与实施，非物质文化遗产保护目录体系的建立和"代表性传承人"认定制度的制定，为传统武术的传承与发展带来了希望，为传统武术的保护注入了动力，传统武术保护及其相关研究工作的重心也开始由"拳种"转向"传承人"。传统武术作为我国优秀的非物质文化遗产，理应采取和其他非物质文化遗产一样的保护措施，认为"非物质文化遗产的保护主要是活态保护，而活态保护的关键是传承人的传承"的观点[②]。因此，一时间对传统武术传承人的保护成为学界主流，对传统武术传承人的保护研究层出不穷。

然而，针对这一现象也有学者发出了不同的声音，中国艺术研究院研究员苑利认为，很多非物质文化遗产是群体性拥有的，并非掌握在某一个人的手里。一旦只给一个人发钱，必然破坏了社群的关系[③]。王林等人也认为非物质文化遗产往往是某一群体共有的，并非某一人的专利，而政府在确定代表性传承人时往往是一两个人，并提供经济资助，此举势必会影响传统武术非物质文化遗产项目的真正保护[④]。贾鹏飞等人从法律的视角也认为，和其他传统知识一样，传统武术并没有明确的权利主体。参考相关领域的立法，可以借用的一个概念是固有群体，即与某一流派有最紧密联系的，创造、维护和传播相关文化的特定群体。虽然是否应将权利归属主体界定为固有群体尚无定论，不过，可以肯定的一点是固有群体中的任何人都不得单独主张这一智力成果的权利，但都应

[①]栗胜夫.论我国传统武术的传承与发展[J].武汉体育学院学报，2007，41（4）：41.
[②]王文章.非物质文化遗产保护研究[M].北京：文化艺术出版社，2009，7：126.
[③]海岭.保护传承人至为关键[J].中国人才，2007（13）：13-14.
[④]王林，虞定海.传统武术非物质文化遗产传承的困境与对策[J].上海体育学院学报，2009，33（4）：86.

享有其使用权[①]。因此，当我们将非遗的保护主体只规定为个别传承人时，不仅忽略了同样拥有该拳种技艺的其他传承人的感受，打击他们传承与发展该拳种技艺的热情和积极性，影响同拳种不同师门之间的社群关系，而且忽略了同师门内部以师父为核心的众多继承者的感受，影响到他们的习武热情和积极性，甚至为今后争夺传承人头衔而造成不必要的内部纷争和矛盾，有碍传统武术的健康发展，这种"为一棵树而放弃整片森林"的保护方式显然是非常不明智、非常不可取的。

三、后奥运时期的武术文化保护

2008年北京奥运会竞技武术入奥的失利，引起武术界的理性反思。这次失利"在很大程度上宣告了仅仅作为一个竞技体育项目的武术发展陷入窘境。面对这种现实，很多人在对过去几十年过度向体育化倾斜的武术发展模式备感失望的同时，开始反思以往武术在走向竞技化的过程中迷失了自己的文化身份，丧失了自身文化特色"。这次反思给了传统武术一个重返历史舞台的良机，很多学者在对竞技武术发展模式提出质疑和批判的同时，开始"不约而同地将目光投注到传统武术身上，希望从它身上找到拯救武术于尴尬处境的锁钥。所以一时间，'向传统武术回归''将武术作为一种文化对待'成为了学界主流呼声，'武术文化'作为中国传统武术乃至中国传统文化的代名词也成了人人得而言之且乐而言之的时髦语汇"[②]。

另外，近几年时逢国家提出从"文化大国"向"文化强国"迈进的口号，对国家文化软实力的发展提升至前所未有的高度，在这样一种历史事件刺激和国家文化发展战略导向转移的双重作用下，许多武术学者怀揣着"复兴传统武术"的愿望继而将传统武术保护研究的目光投向了"武术文化"领域。如同郭玉成在《传统武术在当代社会的传承与发展》一文中所说："在文化全球化的世界中，文化已成为一个国家综合

[①] 贾鹏飞，许若群. 中华传统武术保护的法律思考[J]. 体育文化导刊，2006：47.
[②] 刘文武，金龙，朱娜娜."武术文化"的剖析与评价[J]. 体育科学，2015，35（6）：84.

实力的重要因素之一。传统文化的保护与传承对维护国家文化安全，提高国家地位具有不可替代的作用……传统武术的文化研究具有维护民族的文化利益与弘扬民族精神的意义[①]。因此，对武术文化的研究一时间成为学界关注的热点，众多学者开始将传统武术的保护寄希望于"武术文化"，希望从中找到行之有效的保护路径，相关的研究成果层出不穷。

由此，"武术文化"成为传统武术的保护主体，出现了大量的以"武术文化"保护为目的，以"文化自觉""文化自信""文化自尊""文化安全""文化空间""文化生态"等为关键词的文献和著作，武术文化的保护提升至重要位置，时至今日仍讨论不休。然而，武术文化毕竟过于抽象，在实际保护工作中不易于操作。因此，尽管学界普遍认可传统武术文化保护的重要性，但是却只能停留于"纸上"的高谈阔论，难以付诸实践。

第二节 对"拳种""传承人"及"武术文化"的关系论释

任何保护行为都要有一个明确的保护对象，这是实施一切保护行动的前提，也是制订与实施下一步具体保护行动的重要"抓手"。在保护行动中，明确保护对象不仅有利于保护行动实施过程中各方力量的集中发力，而且也有利于保护目的的顺利达成与保护效果的评价反馈。传统武术的保护对象不仅要明确，更要准确，只有认对了保护谁，才会收到事半功倍的保护效果。所谓"保护的灵魂是传承"，回顾传统武术的保护历程，从20世纪80年代对"拳种"的"静态"保护为开端，到进入新千年后"非遗"的兴起引起学界对"活态"传承主体——"传承人"保护的重视，再到2008年北京奥运会竞技武术入奥失利引发学界对"武术文化"（确切地说应是传统武术文化）的自觉捍卫，传统武术保护主体的几经更易，亟须我们在总结前人保护经验的基础上，厘清"拳种"

---

①郭玉成.传统武术在当代社会的传承与发展[J].上海体育学院学报，2008，32（2）：52.

"传承人""武术文化"三者之间的内在逻辑关系[①]。

一、拳种是武术文化的核心载体，是传统武术保护的主要内容

传统武术在数千年的历史发展中，由先秦时期"练为战"的"武舞"，到两宋时期"练为看"的"（打）套子"，再到明清时期"练为修"的"拳种"，这一漫长的演变历程表明传统武术在不同的历史演进时期具有不同的称谓、不同的形态、不同的功能及不同的追求。在这一漫长的历史演进过程中，传统武术饱受不同历史时期统治者对其在民间传播的打压和世俗"重文轻武"的偏见，经历了冷兵器时代战争洗礼的考验和数千年华夏文明的滋养，凝结着先人的技击思想和文化智慧[②]。传统武术发展至明代，形成了比较完备的武术体系，十八般武艺有了具体的记载，有了丰富的拳种和众多的门派之分。其中，据《江南经略》一书记载，曾在明朝浙江巡按御史、总督胡宗宪幕中襄赞平倭事宜，对军事与武术均有一定研究的郑若曾说："中国武艺不可胜纪，古史以来，各有专门，秘法散之四方""教师相传，各臻妙计"。指出当时流行的武术有"拳法十一家、棍法三十一家、枪法十六家、刀法十五家、剑法六家、杂器械十家、钯法五家、马上器械十六家等"；关于十八般武艺内容的记载在明代谢肇制著《五杂俎》、朱国桢著《涌幢小品》及明代成书《水浒全传》中均有大同小异的描写，也进一步表明了当时武艺内容的丰富多样性；在明末《王征南墓志铭》中，武术有了"内外家"派别之分。至清代鸦片战争以降，随着冷兵器被火器替代而彻底退出军事战争的历史舞台，传统武术在民间获得新生，形成风格迥异、流派众多、价值功能多样的武术拳种[③]。

[①] 王文章.非物质文化遗产保护研究［M］.北京：文化艺术出社，2009，7：126.
[②] 武超，吕韶钧.由武舞至拳种：论历史进程中传统武术套路所呈现出的阶段性特征及其动因分析［J］.天津体育学院学报，2016，31（1）：63-68.
[③] 国家体委武术研究院.中国武术史［M］.北京：人民体育出版社，1996：245.

历经数千年的曲折发展，传统武术拳种中所蕴含的技击智慧、文化内涵和历史信息是不言而喻的。它是经过我们祖先一代代的传承和一点点的积累而形成的精神文化财富，是值得我们去研究、去珍视、去弘扬的民族文化遗产。因此可以说，传统武术拳种是传统武术文化的载体，也是传统武术保护的核心内容。

二、传承人是拳种传播的"火种"，是传统武术薪火相传的关键

传承人是直接参与非物质文化遗产传承、使非物质文化遗产能够沿袭的个人或群体（团体），是非物质文化遗产最重要的活态载体[①]。传统武术传承人是指直接参与传统武术传承、使传统武术能够沿袭的个人或群体[②]或者是指系统掌握某一拳种的技术和理论并引导该拳种发展的代表人物[③]。作为口传身授的武术文化，作为活态人所展示的文化，在某种程度上，"人"的因素比以前所传授的技术体系、理论体系、文字记载等更重要[④]。非遗保护工作中"如果没有了传承人，就丧失了非物质文化遗产；没有传承人坚持非物质文化的生态延续，其保护与传承也就成了一句空话"[⑤]。传统武术作为一项非物质文化遗产，"是一种典型的'人体文化'，它以人的身体为载体，包括人体的器官、行为及传人都是非物质遗产的载体，也是非物质文化遗产的主体和对象"[⑥]。传统武术的技能需要以人的身体为载体，传统武术的生命需要依附于人的生命而存在，传统武术的运动需要人的身心全方位参与，传统武术的传承需要师徒不

---

①中国非物质文化遗产数字博物馆［EB/OL］.http://www.i-hchina.cn
②牛爱军.从非物质文化遗产视角对"传统武术传承人"保护问题的探讨［J］.武汉体育学院学报，2008，42（10）：52.
③洪浩，胡继云.文化安全：传统武术传承人保护的新视阈［J］.武汉体育学院学报，2010，44（6）：54.
④王岗.关注武术传承的主体：人［J］.搏击·武术科学，2006（12）：1.
⑤郑一民.保护传承人是"非遗"工作的重中之重［J］.领导之友，2008，3：37.
⑥向云驹.人类口头和非物质遗产［M］.银川：宁夏人民教育出版社，2004.

断地接力才得以延续。可以说，传统武术的技能离不开人，传统武术的传承与发展亦离不开人，特别是能够推动某门派拳种传承与发展的"传承人"，这是保障该门派及其拳种长久存续的前提和关键。因此和其他非物质文化遗产一样，传承人成为传统武术保护的"主角"，这是保证其拳种技艺薪火相传的关键。传承人一旦逝去，传承人所掌握的武术技艺亦会随之而去，因此，传承人是传统武术拳种的"火种"，它既有燎原之势，也有随时灭绝的危机。

三、武术文化是拳种的价值所在，是传统武术保护的根本目的

学界通常所言的武术文化主要是指传统武术的文化。不同拳种的存在是武术文化存在的前提。没有拳种，武术文化便成为一句空话。武术之所以被视为一种文化，关键在于："第一，武术文化是中国文化整体的有机组成部分；第二，武术文化自成完整体系；第三，武术文化这一完整体系全面贯彻、反映了中国文化的基本精神。"[1]此外，从微观层面上讲，笔者还认为传统武术之所以被视为一种文化，归根结底是因为传统武术的每一招一式中都蕴含着文化，这文化有可能是哲学的，亦有可能是历史学的；有可能是兵法学的，亦有可能是艺术学的；有可能是美学的，亦有可能是音乐学的等，从而使传统武术充满人文气息与艺术魅力，并在世界民族文化之林中独树一帜。正如著名文化人类学家鲁斯·本尼迪克说的那样："文化就是通过某个民族的活动而表现出来的一种思维和行动方式，一种使这个民族不同于其他民族的方式。"以传统文化为指导思想而创编出来的如此庞大的拳种系统，如太极拳的阴阳学说、形意拳的五行理论及少林拳的禅宗思想等，正是我国诸多不同思想的文化学派在拳种体系上"百花齐放、百家争鸣"的映射结果，传统武术因此才被众人视为"中华文化"的重要组成部分。因此，武术文化

---

[1] 全国体育院校教材委员会.武术理论基础［M］.北京：人民体育出版社，1997：17.

是拳种的内涵,也是我们保护传统武术的目的所在。

综上所述,正是基于三者之间这样的一种内在逻辑关系,广大武术学者在传统武术保护的研究与工作中出现了拳种、传承人和传统武术文化三个不同的保护主体。

第三节　民间习武共同体作为传统武术保护主体的提出

从传统武术保护的历史沿革及其内在关系来看,保护主体无论是拳种或传承人,还是武术文化,现实均已证明传统武术并未彻底走出传承与发展之困境。无论侧重哪一方,均避免不了以偏概全之嫌。因此,我们则要回到我们保护传统武术的初衷上来重新找方法。这时我们不禁要自问,我们保护传统武术的初衷是什么?不就是为了使传统武术能够薪火相传而绵延不绝吗?显然,传统武术欲做到在人与人之间不断地传承下去,仅依靠传承人一己之力是远远不够的,还需要有继承者的参与。也就是说,我们不仅要保护好传承人,而且还应该将传承人的继承者一同保护起来,这样才算得上是贯彻了"保护的灵魂是传承"的保护思想,才能够真正地使传承人的技艺作为当代社会的一种文化生产方式或文化生活方式留在我们身边,继续作为我们民族的一种"活态文化符号"而存在[1]。只有当我们在工作中把民俗文化的创造者、持守者和继承者也纳入到我们工作的视野中来,把他们的主体性、现实境遇和要求也切实地考虑进来的时候,我们的抢救和保护工作才可以说真正有了对人的关怀[2]。基于此,笔者提出将"民间习武共同体"作为传统武术保护的主体,这和非遗学界研究非遗保护的目的是完全一致的。

---

[1]王文章.非物质文化遗产保护研究[M].北京:文化艺术出版社,2009,7:124.
[2]刘魁立.非物质文化遗产及其保护的整体性原则[J].广西师范学院学报,2004(4):8.

一、民间习武共同体的概念界定

"民间习武共同体"概念是由北京体育大学武术学院博士生导师吕韶钧教授于2013年在《民间习武共同体的提出及其社会文化基础》一文中提出来的。该文将民间习武共同体的概念界定为:"通过拜师学拳而聚集在一起的民间习武群体。它有别于松散的习武人群,与民间武术组织也有本质区别。这一共同体通常表现为以师父为中心,以武德和内部自制规约为约束,以习练武术为主要内容,具有很强的内在凝聚力,是民间武术传承的基本组织单位。"①

从概念界定中可得知,民间习武共同体是一个以师父为中心凝聚而成的、由师徒和徒徒之间纵横交错的人伦关系结构所构成的代际传承网络群体。这个群体具有以下特征:第一,一个共同的习武扬武目标。如笔者在梁山调研迷踪拳传人任重银,他说:"我们平时都是各忙各的,只有在练武的时候或者哪家有什么事情的时候才会聚在一起。大多数聚在一起的目的就是一起习练武术,一个人练武没意思,还是一群人练功带劲!"(访谈对象:任重银,梁山镇任庄村,任有领的徒弟之一)。第二,一个共同的习武生活经历。传统武术的掌握需要一个漫长的过程,在这一漫长的过程中培养了共同体成员之间的感情。第三,一个共同的习武生活空间。如任重银和他的师父任有领不仅生活在同一个村庄,而且还有家族血缘关系,感情自然会更加深厚。第四,一个有序的人伦差序结构。民间习武共同体通过拜师的方式确立师徒关系,依靠模拟血缘而产生了一张关系网络,网络的中心是师父,以师父为中心向外推出去,通过这样的一个方式将武术一代代地向下传递,就像波纹一样一圈圈地推出去,形成结构鲜明的差序结构。第五,一个传统的武德门规约束。如时任梁山县武协副主席、梅花拳十七辈传人冯建设所说:"我们梁山号称有十大拳种,基本上各门各派都有自己的武德门规,在

---

①吕韶钧,张维凯.民间习武共同体的提出及其社会文化基础[J].北京体育大学学报,2013,36(9):6.

徒弟选择上，首先看重的是他的人品，甚至一些拳种还会上推到他的祖上三代，看看有没有品质恶劣的，犯过事的。如果有，即使这个孩子再好，我们也不会收。"［访谈对象：冯建设，梁山镇马振扬村，其父为冯天民（已去世），是梁山一带的武术名师，其父徒弟约有2000余人，分布梁山各镇。冯建设自己也有百余个徒弟］这些特征与德国社会学家斐迪南·滕尼斯所阐释的"共同体"思想内涵是一致的。

二、民间习武共同体的内涵阐释

在"民间习武共同体"概念界定中，因为"师父"这一"传承人"要素与"徒弟"这一"继承人"要素同时"在场"，因而满足了传统武术"传"与"承"的条件，构成传统武术传承与发展必不可少的两个基本要素。"由师父与徒弟结合而成的传习双方，共同构成了中国传统武术的主要传承载体。"[1]这是其一；其二，以"武术"为纽带结合而成的"共同体"本就对师父其人及其所授拳种高度认可，每一位共同体成员在与师父及同门师兄弟的长久相处过程中自然会产生无法言喻的情感，在同门的身份认同和师徒的情感感化下亦自然会形成将师父所传技艺发扬光大、繁衍不息的责任感与使命感，这为传统武术的传承与发展提供了精神动力。

但是，需要补充的是"历史上师父与徒弟间的关系多种多样，归纳起来可分两种，一种是带有亲缘关系，另外一种非亲非故"。[2]民间习武共同体实际上是一个由师徒关系结成的"长老统治"（费孝通语）式的习武群体，它本身既包括亲缘关系，也包括非亲非故的关系，但是更多地是一种混合体。在后者关系中，因为"传统武术师徒传承分有入室弟子和一般弟子两种类型，只有通过正式的拜师仪式后，才算形成了严

---

[1] 周伟良. 师徒论——传统武术的一个文化现象诠释［J］. 北京体育大学学报，2004，27（5）：586.
[2] 张玉新. 试论中国传统美术"父子相传，师徒相授"教育方式的得与失［J］. 美与时代（下），2005（1）：25-27.

格意义上的师徒关系"[①]。所以，严格意义上讲，民间习武共同体是指由入室弟子所组成的共同体。而在入室弟子中，相比较而言，往往存在着杰出弟子与非杰出弟子之分。因为所有杰出弟子皆是由非杰出弟子转化而来的，非杰出弟子亦有通过自身努力而转化为杰出弟子的潜质。这里的"杰出"与"非杰出"之划分是相对的，而且他们对传统武术的传承与发展之贡献亦有所差别和侧重。依据结构功能理论，"社会是具有一定结构或组织化形式的系统；构成社会的各个组成部分以其有序的方式相互关联，并对社会整体发挥相应的功能；社会整体以平衡的状态存在着，其组成部分虽然会发生变化，但经过自我调节整合，仍会趋于新的平衡"。[②]在结构方面，民间习武共同体通过杰出弟子的流出、非杰出弟子不断地向杰出弟子的转化，以及非杰出弟子源源不断地流入，来维系着民间习武共同体整体结构的动态平衡，从而实现民间习武共同体及其拳种的传承与发展。在功能方面，引用戴国斌教授的观点："从传播效果的时间看，'三千弟子'追求武术传播的即时效应，'七十二贤人'体现武术传播的长远影响；从传播效果的内容看，'三千弟子'形成的是社会影响力，'七十二贤人'体现的是专业发展水平；从传播效果的主体看，'三千弟子'以其束脩解决师父的生计问题，'七十二贤人'则以其荣耀门楣而体现师父的弘道使命。"[③]

  这时或许会有人感到疑惑："传统武术传承都已经成问题了，哪还有什么民间习武共同体？"通过笔者对山东梁山地区八大拳种的走访调查发现，实际上，随着文化生态环境的巨大变迁，我们很多优秀的传统武术拳种并不是面临着后继无人的困境，而是面临着后继有人，但是这些人因迫于生计或其他原因而未能像前人或师父那般醉心于传统武术的尴尬！在笔者走访的几十位师父中，如前面提到的梅花拳传人冯建设，门下徒弟百余人；迷踪拳名师任有领，其所在村庄的徒弟就有数百人，

[①]周伟良. 师徒论——传统武术的一个文化现象诠释[J]. 北京体育大学学报，2004，27（5）：586.

[②]刘润忠. 试析结构功能主义及其社会理论[J]. 天津社会科学，2005（5）：52.

[③]戴国斌. 中国武术传播三题：文化史视角[J]. 上海体育学院学报，2016，40（3）：56-61.

而且还吸引到周围村镇的很多人跟其习武；纵然是梁山小门小派拳种的师父，如猴拳、螳螂拳、醉拳、埋伏拳等拳种，他们一生所传徒弟也都有十几位至数十位不等。因此，民间习武共同体是传统武术各拳种（门派）流传过程中广泛存在的。况且，传统武术作为一种文化，本身就具有传播性的特点，即便是作为一种濒临失传的非物质文化遗产，由于其对人的依附性和人的社会性，伴随着长期的社会交往，也必然会形成自己的"文化圈"。

因此，当我们将非遗的保护主体只放在个别传承人身上时，不仅会忽略到占有绝大多数继承者群体的感受，而且还会使同样拥有该拳种文化遗产的其他传承人对此感到不满，甚至带来不必要的矛盾与纠纷，影响到该拳种的传承与发展。当"政府在确定代表性传承人时往往是一两个人，并提供经济资助，此举势必会影响传统武术非物质文化遗产项目的真正保护"[1]。基于此，本文提出将"民间习武共同体"作为传统武术和非物质文化遗产保护的最小单位，以解决上述问题。

三、民间习武共同体作为传统武术保护主体的提出

（一）民间习武共同体是传统武术门户之主体

"门户"一词，其本义原指房屋的出入口，从古至今却常被人们借之作为"家"的代称。如古书《乐府诗集·相和歌辞十二·陇西行》中的"健妇持门户，亦胜一丈夫"和《红楼梦》第九三回中的"迄今门户雕零，家人星散"等，另外，从"门户"二字所构成的诸多成语中分析，如"门当户对""朱门绣户"等，亦无不含有"家"之意。可见"门户"与"家"的概念是相通的，可谓是中国传统社会"家天下"思想在传统武术中的一种映射。

---

[1] 王林，虞定海. 传统武术非物质文化遗产传承的困境与对策[J]. 上海体育学院学报，2009，33（4）：86.

关于"家庭"的概念，费孝通先生在《社会学概论》中将之界定为"建立在婚姻和血缘关系基础上的亲密合作、共同生活的小型群体，是社会的基本单位，是社会的细胞"①。从其结构功能而言，"这是个亲子所构成的生育社群。亲子指它的结构，生育指它的功能。亲子是双系的，兼指父母双方；子女限于配偶所出生的孩子。这社群的结合是为了子女的生和育"②。这里面主要包括两种关系，即横向的夫妻（子女）关系和纵向的父（母）子（女）关系。而由师父和徒弟（徒儿）所建构起来的民间习武共同体组织是模拟"家庭"的产物，因此和"家庭"一样，实际上也包含着纵横两个矢向的人伦关系网络。"在纵的矢向上，可以分为具有明显父系血统特点的长辈和小辈，长辈如师祖、师父（师母）、师伯、师叔等，小辈如徒弟（儿）、徒孙、师侄等；在横的矢向上，则是指平辈之间的师兄、师姐、师弟、师妹等"。由于这些关系是由"习武"而不完全是由"血缘"关系结成的，因此，在这些纵横交错的关系中，"由师父与徒弟结合而成的传习双方，共同构成了中国传统武术的主要传承载体"③。"在这一纵向承继的过程中首当其冲的是传承者、受传者这两个显性群体，两者是传统武术传承的主要阵地，也是我们平时理解的武术传承的主体"④。在这一主体中，师徒是它的结构，"习传"（即习练武术与传承武术）是它的功能，师徒结合的目的就是为了实现传统武术的"教"与"学"，为了实现传统武术的"传"与"承"。因此，以师徒关系为核心构建起来的民间习武共同体是武术门户的主体。

---

① 社会学概论编写组.社会学概论［M］.天津：天津人民出版社，1985.86.
② 费孝通.乡土中国/生育制度［M］.北京：北京大学出版社，1998：38.
③ 周伟良.师徒论——传统武术的一个文化现象诠释［J］.北京体育大学学报，2004，27（5）：586.
④ 王林，虞定海.传统武术传承场域嬗变论析［J］.武汉理工大学学报：社会科学版，2009，22（6）：150.

（二）民间习武共同体是传统武术传承与发展之载体

人是文化的创造者，亦是文化之载体。文化是人的文化，是人类所创造的一切精神财富和物质财富的总和。文化包括"人化"和"化人"两个方面，是"人化"和"化人"的有机统一体。传统武术作为人类的"创造物"，不仅是"人化"的产物，同时具有"化人"的功能，自然属于文化之范畴。传统武术作为一种非物质文化，不仅其符号意义的表达需要借助人的肢体语言作为载体，才能实现自我与自我、自我与对手、自我与观赏者之间的交流互动，而且在传承与发展方面更是需要依靠自我对自我超越的追求（质量问题）和自我与他者之间的技艺经验传递（途径问题）来实现。可见，传统武术符号意义的表达离不开人——独立个体的人；传统武术的传承与发展不仅离不开独立个体的人——对武学孜孜不倦的求索精神，而且离不开群体的人——对传统武术的传承、推广与传播。理论上，我们将聚集在某一位师父门下或聚集在同一个门户之内并通过正式拜师仪式确认师徒关系的群体称之为"民间习武共同体"，它是传统武术传承与发展的重要载体。

（三）民间习武共同体是传统武术文化的传承者与再造者

由武舞至拳种的发展历程表明传统武术在历史上的发展并非一蹴而就，而是处于不断发展和动态变化之中的。尤其值得一提的是，冷兵器时代的终结并未造成传统武术的消亡之势，反而使传统武术在民间获得新生，完成了武术套路由"练为战"至"练为看"再到"练为修"的功能改造。因此，从这点上说，传统武术文化是一种"活的文化"。之所以在明清之际形成了拳种众多、门派林立、蔚为壮观的文化景象，无非因其凝结着无数武术先人的思想智慧，是几代、十几代甚至几十代武术家们及其团队集体智慧的结晶。因此，当传统武术在当代出现传承与发展问题时，除了需要依靠武术家或传承人，还需要依靠其团队的力量和智慧，从而完成传统武术在新时代、新环境、新需求背景下的新形象、新形态及新功能的适应性改造。古人有云,"穷则变,变则通,通则久",况且"任何一种技艺、艺术如果只停留在一个水平上,不能随时代而不断地演进和发展,总是一副老面孔,没有容光焕发的新面貌,在传承中就会缺乏生机与活力,甚至遭到自然淘汰[①]"。这一改造应当是传承人及其团队主动的、积极的、自发的行为,而不是强行要求他们怎么改。因此,从这一点而言,民间习武共同体不仅是传统武术技艺的传承者,也是传统武术文化的"再造者",而且是传统武术传承与创新的"主力军"。

(四)民间习武共同体是传统武术保护的基本单位

如同"家庭"是构成社会的基本单位一样,以"门户"形式呈现出来的民间习武共同体既是构成武术社群的基本单位,也是构成人类社会的基本单位。运用生物学中的细胞现象解释,从细胞中分离出的任何结构,即使是保存完好的细胞核或是含有遗传信息、具有相对独立性的线粒体和叶绿体,均不能在细胞外作为生命活动的单位而独立生存。细胞结构的完整性如果遭到破坏,就会直接导致细胞生命特征的丧失和死亡。民间习武共同体亦是如此,只有完整的民间习武共同体组织才能实现传统武术的传承与发展,才能保证自身内部的生态结构完整和循环系统稳定,保证其内部按部就班协调有序地进行武术文化生产活动。因此,当我们将民间习武共同体的完整结构拆解开来只谈保护其中的某个人,对于传统武术而言,不仅不能够起到保护的作用,反而还有可能加速其消亡!所以,传统武术的保护需要我们将民间习武共同体作为一个不可再分的最小单位来对待,将"以人(指传承人)为本"的保护观转变为"以群(指民间习武共同体)为本"的保护观。根据结构功能主义理论,只有保护好门户的整体结构,才能够使构成门户的各部分所具有的整体性功能得以全面开发。可以说,对民间习武共同体群体的保护是

---

① 王志柱,陈华.对全球非物质文化遗产保护视野下传统武术发展的思考[J].内蒙古体育科技,2008,3:12-14.

对传统武术"整体性保护"认识的深化,是对包括"静态"保护的拳种、"活态"保护的传承人、"动态"保护的武术文化,以及"功能态"保护的门户整体结构在内的所有要素的保护,是对民间习武共同体的武术文化传承与创新功能的全面保护。如刘魁立在《非物质文化遗产及其保护的整体性原则》一文中所说的那样:从根本意义上说,对包括传统武术在内的非物质文化遗产的保护,首先应该是对创造、享有和传承者的保护;同时特别依赖创造、享有和传承这一遗产的群体对这一遗产的切实有效的保护[1]。

---

[1] 刘魁立.非物质文化遗产及其保护的整体性原则[J].广西师范学院学报,2004(4):8.

第二章 论生态文明与民间习武共同体保护

上一章提出将民间习武共同体作为传统武术保护主体的设想，目的在于保护传统武术"传"与"承"的完整生态结构，改变一直以来将"拳种""传承人"或"武术文化"作为传统武术保护主体的固化观念。当我们提出将民间习武共同体作为传统武术的保护主体时，保护主体从"个体化"向"群体化"的转变，需要我们的保护观念也随之更新。当然，在生境复杂和发展日新月异的今天，保护一个文化群体要远比保护一个文化个体困难得多。因此，这就更加需要我们去思考如何保护这些正在悄然远离我们主流文化生活视野的文化群体。

环顾当前时代，环境伦理学中"人类中心观"与"生态文明观"的争论体现在人类生产生活的方方面面，潜移默化地影响着人类社会的发展及人类处理自身与环境之间的关系方式，且成为人类处理自身与环境之间关系的两种基本立场，这两种立场在传统武术的保护中也初露端倪。前者表现在对人（主要表现为传承人）的保护上，后者反映在对传统武术生存的文化空间、文化生态等外部生境的保护上。人类社会发展的历史经验告诉我们，人类的命运与环境紧密相连，人类社会要想获得又好又快的发展，前提必须要有一个优越的自然生态环境，这是人类社会发展的物质基础。否则，人类的发展终将失去其发展的意义，违背了人类追求美好生活的初衷。如同人类社会的发展离不开健康和谐的自然生态环境一样，人类文化的发展亦离不开健康和谐的文化生态环境。这一理念同样适用于民间习武共同体的保护，民间习武共同体作为传统武术传承与发展的活态载体和文化群体，其发展需要有利的文化生态环境，同样外部的文化生态环境也需要通过民间习武共同体这一传统武术文化群体的不断发展而变得更加和谐美好，这就是民间习武共同体保护的生态文明观，也是我们保护民间习武共同体的美好初衷和最终目的。如同我们保护自然生态环境不仅是为了实现自然生态环境的健康和谐发展，更是为了实现人类社会的健康和谐发展，使人类生活变得更加美好，我们保护民间习武共同体的文化生态环境也不仅是为了实现文化生态环境健康和谐地发展，更是为了民间习武共同体及其承载的传统武术文化能够更好地发展，并使其能够成为我们追求美好生活的有机组成部分。基于此，本文提出传统武术的保护观念由"人类中心观"向"生态中心观"转变的思想。

第一节　传统武术保护中的"人类中心观"表现

非遗以降，传统武术保护的着力点大多放在了各拳种（门派）的"传承人"身上，形成传统武术保护中的"人类中心观"现象，时至今日，这一保护观点仍然占据着学界主流。

一、"人类中心观"的内涵解读

"人类中心观"又被称为"人类中心主义"或"人类中心论"，这里的"人类中心观"是指传统武术保护中以人类保护为中心的观念。余谋昌认为："人类中心观是一种以人为宇宙中心的观点。它的实质是一切以人为中心，或一切以人为尺度，为人的利益服务，一切从人的利益出发。"[1]按照邱耕田的观点，人类中心观可分为绝对人类中心观和相对人类中心观两类，它们在某些方面是一致的。这种一致性体现在终极价值尺度方面，即一切从人类的整体利益出发，为整个人类生存与发展的需要服务[2]。因此，无论何种意义上的人类中心主义，其"关注的焦点

---

[1] 余谋昌.走出人类中心主义［J］.自然辩证法研究，1994（7）：8.
[2] 邱耕田.从绝对人类中心主义走向相对人类中心主义［J］.自然辩证法研究，1997，13（1）：15.

都一样,都是人,都是一种指导人行动的思想,都是以人为出发点,实现人的目的为理想"[1]。

传统武术保护中的"人类中心观"是指保护传统武术从人的角度出发,将拯救濒临失传拳种的希望寄托于传统武术技艺者身上,所作出的保护策略和所实施的保护方法均以人为中心,认为对传统武术技艺者(尤其是传承人)的保护是拯救传统武术濒临失传的唯一方式,而不考虑或较少考虑传统武术技艺者的生存环境,围绕着对传统武术技艺者的保护来制定传统武术保护的行动纲领,从而不可避免地走向了传统武术保护的"人类中心主义"。总而言之,传统武术保护中的"人类中心观"是一切从传统武术技艺者的利益角度出发,一切为了传统武术技艺者的利益而服务的。其中,典型地表现为国家社会在为传统武术技艺者的保护投入巨大的人力、物力和财力的同时,传统武术技艺者是否会产生等价甚或高价的价值贡献来回馈国家和社会?是否是通过对传统武术技艺者的保护,人类社会发展或人类文化进步从中切实获得了实惠,文化生态环境是否因此而变得更加美好?传统武术保护中的"人类中心观"因为缺少传统武术技艺者保护对人类社会和文化生态环境影响的思考,缺少传统武术文化保护的投入与产出的算计,缺少传统武术文化保护与人类对美好生活向往之间如何产生共鸣的构想,因而使得这种保护方式收效甚微,甚至是得不偿失,不能够形成良好的"循环经济发展模式"。

二、传统武术保护中的"人类中心观"及其表现

传统武术保护中的"人类中心观"是伴随着《保护非物质文化遗产公约》在我国的颁布实施而兴起的。2003年10月17日,随着联合国教科文组织第32届会议通过《保护非物质文化遗产公约》和我国宣布加入该公约,从此传统武术迎来了申请非遗的热潮,学界亦开始加大了对传统

---

[1] 刘薇.人类中心主义的当代走向[D].苏州:苏州大学,2016:9.

武术保护的研究力度。由于传统武术的"非物质性",身怀传统武术绝技的习武者们自然而然地成为传统武术保护的焦点,学界也围绕着如何去保护这些"人"进行了长久而深入的研究与探讨,提出了很多有价值的保护方略,传统武术保护中的"人类中心观"现象由此拉开了帷幕。

在传统武术保护的"人类中心观"中,最为突出的表现是"传承人保护论"的观点。可以说,这是非遗学界对非遗传承人保护的共识在传统武术保护中的一种映射。关于非物质文化遗产保护的研究,非遗学界普遍认为"对项目传承人的保护应该是保护工作的重点"[①]。因此,武术学界亦倾向于将对传承人的保护作为拯救传统武术走出濒临失传危机的一根救命稻草,这充分表明学界对传承人保护重要性的一致认可。不可置否,传承人是传统武术薪火相传的"火种",传承人消失了,其技艺也会随之而去。"只要保护好这些文化遗产传承人,非物质文化遗产就不会消失;只要激励这些非物质文化遗产传承人,他们就会不断进取,产品也会越发精益求精。只要鼓励这些非物质文化遗产传承人继续招徒授业,非物质文化遗产就会后继有人,绵延不绝"[②]。传承人保护的重要性已然成为学界之共识,成为今日传统武术保护中"人类中心观"现象之滥觞。

另外,不得不说的是,无论是对"传承人"的保护,还是对"民间习武共同体"的保护,其实都是"人类中心观"的一种体现。尽管同属于"人类中心观"的范畴,但二者之间还是有着很大不同,这在上一章中解释过了,后面还会补充说明,故不在此赘述。

三、传统武术保护中"人类中心观"立场的局限性

环境伦理学中的人类中心主义对自然界缺乏系统性认识,对人与自然之间的共生共荣关系认识不清,不懂得自然界的命运与人类的命运是休戚相关的。邱耕田指出,人类中心主义是"为了人的生存和发展,为

---

① 王文章.非物质文化遗产保护研究［M］.北京:文化艺术出版社,2009:96.
② 张峰.非物质文化遗产视野下的传统武术保护方法［J］.体育与科学,2008,29(5):56.

了人的需求与利益。换言之，是为了建立一个以人为中心、符合人的目的的属人世界"①。可见，人类中心主义只关怀人类的利益和需求，而对"非人类"方面持有漠不关心的态度，表现在传统武术的保护中，只注重对传统武术技艺者的保护，只关心传统武术技艺者的需要和感受，忽略了文化生态环境及人类社会发展对于这类文化的需求，特别是忽略了人类文化发展的需求，高估了文化生态环境及人类社会发展对之的包容性和承载力。因此，这种认知方式显然是片面的，这种保护策略显然是不可取的。"人类中心主义侧重于从主体一级来考察客体，极端的便走向人与自然关系上的'主体论'，即以掠夺式征服自然为特征的'人类沙文主义'。非人类中心主义侧重于从客体来要求主体，极端的便走向'客体论'，即对人的主体地位完全否定"②。可见，无论是人类中心主义，还是非人类中心主义，对事物的认识都是不够全面、不够客观、不够理性的，甚至是极端的，表现出来的要么是精致的利己主义，要么是消极的悲观主义。可想而知，如果以这样的观念为指导思想指导传统武术保护，或许能够在短时期内看到成效，但是由于缺乏对传统武术及其文化生态环境和谐发展的长远考虑，可能会对传统武术及其文化生态环境的可持续发展都是不利的。

就目前"人类中心观"中最典型的"传承人保护论"而言，因为过于强调其重要性，不仅忽略了文化生态环境的承载力和社会大众对之的需求，甚至还忽略了拥有相同技艺的其他技艺者的感受，从而不可避免地陷入"为了一棵树而放弃了整片森林"的误区，导致作出的判断和决策不够周全缜密，甚或是有悖常理，违背初衷。所以，尽管一些学者在非遗框架内针对传承人保护提出了很多有见地的观点，但是，在对传统武术的可持续发展方面，在对怎么才能够使这些传承人拥有更多的继承人或接班人方面，在对传承人与外部文化生境之间的良性互动等方面却

---

① 邱耕田. 从绝对人类中心主义走向相对人类中心主义 [J]. 自然辩证法研究, 1997, 13 (1): 15.
② 陈忠. 以人为中心的多极主体化——对人类中心主义与非人类中心主义的一点思考 [J]. 哲学动态, 1995 (6): 20-21.

漠不关心或关心不够,这也无意中违背了保护传统武术是为了使其更好地存续下去的美好愿景。

再者,就"传承人保护论"而言,通常非遗机构对申报项目认定的传承人只有一个,甚或是少数几个,即便是把传统武术130余种拳种都保护起来,传承人也不过百余人,比起全国所有传统武术习练者的数量而言,不过是九牛一毛。绝大多数人并不能切身体会到申遗给他们及他们的生活所带来的荣耀和实惠。这种保护方式只顾及到少数人,却忽略了庞大的习武群体,放弃了"走群众路线"的道路,显然是非常不明智的。

而且,就从现在非遗所保护的一些传承人来看,有学者提出了"传统武术代表性传承人遴选不够严谨"的问题[①]。主要表现在传承人传承能力遭质疑。有些传承人年事已高,即便是传承人再"身怀绝技",亦难以有施展其技艺的身体条件。如传统武术申遗的第一批代表性传承人中有2人(赵剑英、韩会明)已经达到80余岁的高龄,即使我们不对其传承能力表示担忧,但是对其后续传承也感到些许隐忧[①]。而且,在笔者所走访的梁山地区也普遍地存在着这些现象,因此这还得需要政府机构和非遗部门对正在上报的或已认定的所有非遗项目进行严格审查,及时替换备受质疑的或不具备传承能力的传承人。再者,还有传承人身份的"终身制"问题。通常,非遗传承人的身份一旦被认定基本上都是"终身制"的,只要这些传承人身份不被取消,拥有同种或同门的其他技艺者很难上来,这样势必会大大地打消其他人对非物质文化遗产继承的热情与积极性。这些因素若是不能够引起重视和改革,对包括传统武术在内的所有非物质文化遗产不仅不会起到保护的作用,反而还会带来一系列的负面影响,成为所谓的"保护性破坏"。

需要补充说明的是,本文所提出的将民间习武共同体作为传统武术保护主体的设想,若是不以生态文明理念为保护指导思想,若是不将他们放到文化生态环境中去综合考虑与分析,若是不去思考如何实现民间

[①] 王林,虞定海. 传统武术非物质文化遗产传承的困境与对策[J]. 上海体育学院学报,2009, 33(4): 86.

习武共同体及其文化生态环境之间的长久和谐发展，所做出的保护策略也是不够全面、不够客观的，从而也会不可避免地陷入"人类中心观"的思想误区，这便是"人类中心观"立场的局限性，也是本文提出运用生态文明理念指导民间习武共同体保护的缘故。

第二节 "生态文明观"是传统武术保护之所趋

在20世纪70年代以前，人类一直以人类中心论的思想来处理人与自然之间的关系，人类中心论是西方一贯信奉和秉承的主流思想。70年代以后，伴随着全球环境问题的日益严峻，越来越多的人们，特别是各国的环境伦理学家开始怀疑人类中心论，怀疑其是造成环境问题的罪魁祸首。于是，工业文明时代逐渐走向末路，生态文明思想开始走进人们视野，从此结束了人类中心主义一统天下的时代，生态文明理念逐渐成为人们信奉和秉承的主流思想。

一、生态文明理念是传统武术保护的时代选择

生态文明时代起因于20世纪60年代末70年代初西方生态危机运动的爆发，这场运动声势浩大，影响深远，引起了世界各国的广泛关注，我国生态环境的保护事业也正是起步于这一时期。从1972年中国政府派代表团参加了斯德哥尔摩人类环境会议至今，我国政府颁布了多个关于生态环境保护的法律政策文件，如1979年我国第一部关于环境保护的《中华人民共和国环境保护法（试行）》、1994年颁布的《中国21世纪议程》、2005年国务院出台的《关于落实科学发展观加强环境保护的决定》等，并分别在国务院和全国人大常委会成立了专门的环境保护委员会和环境资源委员会。尤其是胡锦涛总书记在十七大的政治报告中强调"生态文明建设"以来，全国上下加强了生态文明建设的力度，表明了我国高度重视发展生态环境保护事业和大力建设生态文明社会的决心。党的十八大以来，以习近平同志为核心的党中央高度重视社会主义生态

文明建设，把生态文明建设融入到经济建设、政治建设、文化建设、社会建设中，加大了对生态环境的保护力度，推动生态文明建设迈上新台阶。在2018年3月11日第十三届全国人民代表大会第一次会议通过的《中华人民共和国宪法修正案》修正内容中明确提出"推动物质文明、政治文明、精神文明、社会文明、生态文明协调发展"的观点，首次将"生态文明"写入宪法。2022年10月16日，习近平总书记又在党的第二十次全国代表大会上明确提出"推动绿色发展，促进人与自然和谐共生"的生态发展理念。经过近50年的发展，生态文明观念如今已深入人心，指引着国家和各部门及各行各业的发展。

生态文明时代是人类社会发展到一定阶段的产物，是反映人与自然和谐程度的新型文明形态，体现了人类文明发展理念的重大进步[1]。按照学者余谋昌的观点，人类社会的发展已经经历了三个发展阶段，即渔猎社会、农业社会、工业社会，现在将进入新的第三个文明时代——生态文明时代[2]。在生态文明时代，一方面，随着全球化的不断深入，世界各国在经济、政治、文化、科技等方面的交流与合作日益紧密，形成"你中有我、我中有你"的命运共同体。与此同时，各种矛盾与冲突亦随之而来，在传统安全威胁基础之上，非传统安全威胁，尤其是文化安全问题普遍引起各国的高度关注；另一方面，随着各国经济的不断发展，人类生存的生态环境遭到严重的破坏，水气污染、物种灭绝、资源耗竭等问题接踵而至，经济与生态之间的矛盾日益凸显。在文化安全威胁与自然生态环境恶化的双重作用下，人们开始认为，人类中心主义伦理观是生态危机的价值根源[3]。于是，"自然生态""社会生态""文化生态"等各种生态问题迅速引起社会各界人士的广泛关注，"生态观念"开始深入人心，生态向度开始进入各国学界的研究视域，加强"生态文明建设"迫在眉睫，树立"生态文明观"已经成为21世纪人类社会发展的时

---

[1] 张高丽.大力推进生态文明努力建设美丽中国[J].求是，2013，24：3.
[2] 余谋昌.生态文明：人类文明的新形态[J].长白学刊，2007（2）：138.
[3] 曹明德.从人类中心主义到生态中心主义伦理观的转变——兼论道德共同体范围的扩展[J].中国人民大学学报，2002（3）：41.

代主题,一种崭新的文明时代取代工业文明时代将是不可撼动的历史发展趋势,昭示着"生态文明时代"的到来。

生态文明时代的到来,既是历史发展的必然结果,也是人类社会发展的必然选择。而"武术作为人类文明的产物必然与人类文明化的进程休戚相关。武术的未来发展也一定受到人类文明社会的态势的影响"[①]。如今,受现代化和全球化的影响,世界各民族的传统社会将面临着现代化的转型,我们曾引以为傲的民族传统体育文化——传统武术怎样在现代化、全球化的语境中传承下去,成为传统武术保护研究者们极为关注的问题。因此,生态文明时代的到来,加强对民间习武共同体当前生境的分析和研究,寻求传统武术的当代出路,已成为学界研究热点之一。人类对文化遗产保护的认识从对物质文化遗产的保护开始,转而到对非物质文化遗产的保护;在非物质文化遗产保护过程中从保护非遗项目传承人,又转向对非遗项目的文化空间、文化生态等生存环境领域的关注,这种变化不仅是人们对非遗保护认识的深化,更是受生态文明时代影响的结果。因此,时代主题的转换要求我们对传统武术的保护观念应当从"人类中心主义"的思维禁锢中解放出来,善于审时度势,洞察时代所趋,把对传统武术的保护融入到大的时代背景中去,充分运用生态文明观的哲学思想,指导民间习武共同体及其各拳种的保护,以期实现民间习武共同体及其文化生态环境的长久和谐发展。

二、"生态文明观"对民间习武共同体保护的启迪

对于"生态文明"的解释,廖福霖认为:"生态文明是指人类在物质生产和精神生产中充分发挥人的主观能动性,按照人——自然——社会这个复合体运转和发展的客观规律建立起来的人与自然、人与人、人与社会良性运行机制,以及和谐协调、持续发展、全面繁荣的社会文明形态。它是人类物质、精神和制度成果的总和,是一种新的文明形

---

①邱丕相,王震.人类生态文明视域下的未来武术[J].武汉体育学院学报,2007,41(9):1.

态。"①这个定义涵盖的内容比较全面,既包括了人、自然、社会方面,还包括了物质、精神、制度方面,以及它们相互之间的发展模式等内容。周鸿认为:"生态文明是创造新的生态文化与环境协同共进、和谐发展的社会文明形态,是人类摒弃了农业文明阶段不合理的土地利用方式和工业文明阶段以牺牲环境为代价的生产方式、生活方式和思维方式的人类高级文明。"②叶谦吉认为:"所谓生态文明就是人类既获利于自然,又还利于自然,在改造自然的同时又保护自然,人与自然之间保持着和谐统一的关系。"③"只有当人类向自然的索取能够同人类向自然的回馈相平衡时;只有当人类为当代的努力能够同人类为后代的努力相平衡时;只有当人类为本地区发展的努力能够同为其他地区共建共享的努力相平衡时,生态文明才能作为一种全新的文明形态真正实现。"④

如同自然界某类物种的灭绝是受自然生态环境的影响一样,"生态文明观"的指导思想告诉我们某些文化物种的衰亡,在很大程度上是由于文化生态环境的变化造成的。若是我们将保护目光仅仅停留于这一文化物种的保护,而不考虑其生存的文化生态环境时,并不能达到保护的真正目的。这一观念的着眼点是灭绝或濒临灭绝的文化物种,但是保护的着力点并不是灭绝或濒临灭绝的文化物种,或者是持有该文化物种的个人和群体,而是该文化物种所处的文化生态环境。这一观念的核心在于不再只单纯地考虑保护文化持有者——人的发展需求,而是考虑如何为文化持有者创造一个良好的文化生态环境,考虑如何实现文化持有者与文化生态环境之间和谐、稳定、持久的良性循环发展模式。做到这一点,就需要文化持有者既要获利于文化生态环境,又要回馈于文化生态环境,始终保持着"收支平衡"的状态。即国家或社会努力为文化持有者的发展创造有利条件,文化持有者在获得自身发展资源的同时还要不

---

① 廖福霖. 生态文明建设理论与实践[M]. 北京:中国林业出版社,2003.
② 周鸿. 走进生态文明[M]. 昆明:云南大学出版社,2010:3.
③ 刘思华. 对建设社会主义生态文明论的若干回忆——兼述我的"马克思主义生态文明观"[J]. 中国地质大学学报:社会科学版,2008,8(4):19.
④ 亦冬. 生态文明:21世纪中国发展战略的必然选择[J]. 攀登,2008,27(1):73.

断地回馈和造福国家和社会，国家或社会为文化持有者投入多少，文化持有者便要为国家或社会产出多少，以对等国家或社会的投入付出。当然，这里并不需要国家或社会力量永远处于主动者的角色，文化持有者也不是永远处于被动者的角色，也就是说，国家或社会力量并不是无休止地为文化持有者投入，而是应当在国家或社会一次投入之后，能够使文化持有者获得与国家或社会之间良性循环发展的机会，具备与国家或社会之间良性循环发展的能力，这就需要文化持有者产出的文化产品能够满足文化消费者的需求，把生产出来的文化产品能够完全销售出去，创造出同等或高于国家社会投入的价值，以满足自身发展、生产甚至扩大再生产的需求，从而建立起文化持有者与文化生境之间的全面和谐可持续发展的关系，实现文化持有者的永续发展。

从"生态文明"的内涵中可以看出，生态文明寻求的是人与人、人与自然、人与社会在动态发展过程中的平衡与和谐，所以这种发展是全面的，是照顾到各方利益的，是实现人与人、人与环境全面和谐发展的发展观。这一"生态文明理念"应用在民间习武共同体的保护中，表现为构建民间习武共同体与文化生态环境之间良性循环发展机制。这和非遗中提出的"生产性保护"观念还不太一样。非遗中的生产性保护是指通过生产、流通、销售等方式，将非物质文化遗产及其资源转化为生产力和产品，产生经济效益，并促进相关产业发展，使非物质文化遗产在生产实践中得到积极保护，实现非物质文化遗产保护与经济社会协调发展的良性互动[1]。如前所述，这里的生产性保护主要是说非遗技艺者通过非物质文化生产出来的实物产品经过在市场上的流通、销售等环节后所产生的经济效益，这既需要满足技艺者维系自身及家庭生活开支的需要及其对非物质文化产品再生产的需要，也需要满足市场对这一非物质文化遗产产品在物质与精神方面的需

---

[1] 陈华文. 论非物质文化遗产生产性保护的几个问题[J]. 广西民族大学学报：哲学社会科学版, 2010, 32 (5): 88.

求。由于传统武术这类非物质文化不同于非遗项目名录下的传统技艺类文化，这类文化持有者凭借手工技艺便可以创造出能够直接在市场上进行流通与销售而带来经济效益的实物产品；也不同于传统舞蹈、传统杂技类等文化通过舞台表演的形式便可以带来满足自身生活与发展需求的经济效益；更不能像传统医药类文化那样通过某种诊疗法或制剂方法便可以获得自身生存发展的空间。因此对传统武术的"生产性保护"而言，同传统舞蹈类、传统戏剧类、传统音乐类、传统杂技类文化一样，只有当其满足了市场精神文化的需求时，才能够与文化生态环境之间产生良性的互动循环效应。否则，当传统武术既无法满足人们的物质需要，又不能满足人们的精神需求时，离我们远去的日子就不远矣！

因此，当国家或社会在努力保护民间习武共同体，为民间习武共同体创造一个可持续发展的文化生态环境时，民间习武共同体也应当充分发挥其主观能动性，不仅要满足民间习武共同体自身发展的需要，还要兼顾他们承载的文化所赖以生存的各种环境的需要，如自然环境发展的需要、社会环境发展的需要、文化环境发展的需要等，在遵循这些环境自然发展规律的基础上逐步建立起民间习武共同体及其文化生态环境之间的良性循环发展机制，以实现民间习武共同体及其文化生态环境的和谐永续发展，这就是民间习武共同体保护的生态文明观。

因此，实现民间习武共同体保护的生态文明观需要满足两方面的需求：一是满足环境可持续发展的需求。这就需要了解外部环境中哪些因素阻碍了民间习武共同体的可持续发展，了解外部环境的喜好、需要及今后的发展趋势是什么，这就需要我们应当加强对民间习武共同体外部文化生态环境的研究；二是满足人自身可持续发展的需求。民间习武共同体是一个以师父为中心形成的习武群体，要想长久存续下去，就要满足他们自身可持续发展的需求，这里的需求包括人生存发展的需求，也包括传统武术文化生存发展的需求，了解民间习武共同体内部哪些因素阻碍了人及其传统武术文化的可持续发展，结合对外部生存环境的了解，厘清哪些需要守正，哪些需要创新，哪些需要规范，哪些需要优化，这就需要我们加强对民间习武共同体内部文化生态环境的研究。在此基础上，还应当深入研究民间习武共同体外部文化生态环境与内部文化生态环境之间的复杂关系，以及当前客观存在的主要矛盾和主要问题，努力寻求二者之间平衡和谐与共生共荣的方法，只有外部环境发展的需求与自身发展的需求相结合时，只有找到外部环境可持续发展与自身可持续发展之间的契合点时，才能够实现民间习武共同体及其拳种的永续发展与繁荣。

第三章 论民间习武共同体的文化生态结构

生态文明理念对民间习武共同体保护的启示是构建民间习武共同体与其文化生态环境良性循环发展模式，实现民间习武共同体自身可持续发展及其文化生态环境可持续发展。这一理念的提出不仅要求我们要重视对民间习武共同体外部文化生态环境的研究，还要求我们重视对民间习武共同体自身内部可持续发展机制即自身内部文化生态环境的研究。外部文化生态环境是民间习武共同体与自然环境、社会环境等外界环境进行物质交换或文化交流的场所，民间习武共同体需要源源不断地从外界摄取自身生存与发展所需要的能量，特别是传统武术文化生产与发展所需要的能量；内部文化生态环境是民间习武共同体进行传统武术的文化生产与文化传承的场所，在这里民间习武共同体需要将从外界获取的能量转化为自身生存与发展的动能，特别是传统武术文化生产与发展的动能；而民间习武共同体通过内部文化生态环境动能生产出的文化产品又可以为外部文化生态环境的可持续发展注入新的活力和动力，如此才能形成良性循环的发展模式，实现民间习武共同体及其文化生态环境的和谐永续发展。因此，只有当我们同时深入了解民间习武共同体赖以生存的外部文化生态环境和民间习武共同体自身内部可持续发展的机制时，才能够为下一步具体分析它们之间的复杂关系、存在的主要问题和主要矛盾奠定理论基础及依据，从而才能在此基础上找到实现民间习武共同体与文化生态环境共同发展和谐共生互利双赢的方法途径。基于此，本章运用文化学中的文化结构理论与文化生态学中的文化生态系统理论，分别对民间习武共同体的内部文化结构和外部文化生态系统进行了剖析。

第一节　对民间习武共同体文化生态结构的剖析

民间习武共同体文化生态环境的结构主要分为外部文化生态环境（以下简称"外生态"）和内部文化生态环境（以下简称"内生态"）两部分。其中，"外生态"的结构划分以文化生态系统理论为依据，"内生态"的结构划分以武术文化结构理论为依据。

一、"外生态"的理论基础：文化生态系统理论

民间习武共同体的"外生态"是民间习武共同体赖以生存的外部环境，也是传统武术这一文化物种生成和发展的外部环境，由民间习武共同体这一传统武术文化群体生存与发展所需要的各种外部环境要素所构成，涵盖着民间习武共同体生存发展及其传统武术文化生产发展所需要的一切要素。由于文化生态学理论是专门研究某一文化群体与其所处外部环境之间关系的理论，因此本文以文化生态学理论为依据，对民间习武共同体的外部文化生态环境进行系统论意义上的剖析。

（一）文化生态系统理论阐释

文化生态系统理论来自文化人类学中的文化生态学，是文化生态学研究各方面内容的"中心概念"，是指在特定的文化地理环境内一切交互作用的文化体及其环境组成的功能整体[①]。目前，关于文化生态学概念的起源，学界公认为是由美国文化人类学家朱利安·斯图尔德于1955年在其著作《文化变迁的理论》（Theory of Culture Change）中首次提出来的，斯图尔德在对印第安人族群的研究中，看到了他们的文化和环境之

[①] 柴毅龙. 生态文化与文化生态[J]. 昆明师范高等专科学校学报, 2003, 25（2）: 2-3.

间相互作用的因果关系。为此将生态学的概念和原理引入到人类学研究中，通过考察环境对人的影响和对文化选择的限制，以及人类文化对环境的适应及其影响，提出了文化的生态适应理论与文化生态学的概念①。他明确指出文化生态学是一门"从人类生存的整个自然环境和社会环境中的各种因素交互作用研究文化产生、发展、变异规律的一种学说"，这一理论的诞生颠覆了人们关于文化的认知，明白了文化物种与生物物种之间在生态学意义上的相通性，掀起了学界对文化生态理论研究的热潮。②文化生态学发展到"20世纪80年代，系统论开始纳入其中，成为文化生态学学科的基础，一改以往只注重环境对文化的影响，转而更加注重研究文化与环境的互动，从而使文化生态学的理论更趋于完整"③。

毋庸置疑，文化生态是由比它诞生更早的自然生态概念引申而来，如同自然界物种的消亡而重视自然生态环境的保护及自然生态理论的发展一样，随着各国民族传统文化的相继消失，文化生态环境的保护及其文化生态理论的研究得到了文化学界越来越多的重视，成为研究与解决世界各族人民的传统文化走出衰亡困境的"金钥匙"。"文化生态理论对解决人类文化危机特别是对当前的非物质文化遗产保护提供了理论支持和方法论指导"④。"正如在自然生态系统出现环境污染、物种减少、资源短缺一样，我国文化生态系统也出现了情感荒漠化、文化垃圾泛滥、民族文化消退等类似的情况，这不能不引起我们对文化生态系统运行的重视"⑤。尽管现在很多学者对文化生态概念的理解各不相同，可谓"仁者见仁，智者见智"，但是，归纳这些学者对于"文化生态"的概念研究不难发现，"关于文化生态的论述，虽然各自的表述存在差异，

---

① 崔明昆. 文化生态学的理论方法与研究 [J]. 云南师范大学学报，2012，44（5）：60.
② 斯图尔德. 文化变迁的理论 [M]. 张恭启，译. 台北：台湾远流出版事业股份有限公司. 1989.
③ 布特，闫静. 体育文化生态理论：新范式引入与展望 [J]. 吉林体育学院学报，2013，29（4）：7.
④ 朱义青. 文化生态保护与文化可持续发展——兼论中国的非物质文化遗产保护 [J]. 山东大学学报：哲学社会科学版，2012（2）：156.
⑤ 孙兆刚. 文化生态系统演化及其启示 [J]. 云南师范大学学报，2003，35（5）：69.

但基本上都把握住了文化与环境的互动这一基本内容,都强调了文化与环境的相互影响与制约,这无疑是正确的"①。

基于以上研究,本书认为文化生态系统主要是指不同文化物种之间,以及文化物种与其所居环境之间所形成的一种相互作用、相互依存、不可分割的有机整体。物种是生物分类学八个主要级别(即域、界、门、纲、目、科、属、种)划分中的最低一级,被认为是生物分类系统中的基本单元。同理,文化物种也应当是文化分类系统中的最低一级和基本单元。值得一提的是,杨国安在《文化分类学原理》一书中将文化分为文化基素、文化种和文化化石三大类,其中对人类文化种的分类借用了生物学的分类原理,按社会功能属性特征进行类、门、纲、目、科、属、种的分类,以及亚门、亚纲、亚目、亚科、亚属、亚种的分类②。若将传统武术某拳种(如少林拳)作为文化物种,依据外化行为(态)可以将不同文化物种之间的关系分为两类:第一类,不同种不同类之间的关系,即传统武术拳种与其他文化物种,尤其是与体育项目之间的关系。如少林拳与篮球,它们的创造性行为共同点表现为都属于肢体运动,在现代学科分类体系中都归为体育范畴,都具有强身健体和欣赏娱乐的功能,区别在于:第一,少林拳是传统武术拳种之一,而篮球是西方体育项目之一,二者是不同种的关系;第二,少林拳技术动作蕴含着技击含义,而篮球技术动作不具有技击内涵,二者是不同类的关系。虽然现代科学都将它们归为体育,但是它们却是截然不同的两种运动,无论是发明它们的民族,还是支撑它们的文化,都是完全不同的,因此它们是不同种不同类的关系。第二类,同种不同类之间的关系,即传统武术不同拳种之间的关系。如少林拳与太极拳,它们虽然同属于传统武术拳种,技术动作都蕴含着技击内涵,却是技术风格完全不同的两种拳种。又如孙氏太极拳与吴氏太极拳,二者虽然同宗同源,技术风格也相似,皆源于明末清初陈王廷的太极拳,皆归于传统武术中的太极

---

① 梁渭雄,叶金宝.文化生态与先进文化的发展[J].学术研究,2000.11:5.
② 杨国安.文化分类学原理[M].北京:中国文化出版社,2015:9-15.

拳门类，但它们各自早已发展成为独立而成熟的拳种，在原国家体委以"源流有序、拳理明晰、风格独特、自成体系"为基本标准认定的129种传统武术拳种中自成一家，与少林拳、武当拳、形意拳等拳种是平等并列的关系，因此，它们是同种不同类的关系。"不同种不同类"和"同种不同类"构成了不同文化物种之间的两种主要关系类型。不同于自然生态系统中生物及其环境是主要构成要素，因为人是文化物种的创造者，"人作为自然——社会的双重存在物，是在自然场与社会场相交织的环境中创造文化的"[①]。因此，"在文化生态系统中，不能忽视人的因素。文化物种、文化生态环境和居于中心地位的人是构成文化生态系统的三大要素"[②]。

（二）民间习武共同体文化生态系统的概念界定

结合以上对文化生态系统概念的理解，研究认为，民间习武共同体的文化生态系统是指不同民间习武共同体之间，以及民间习武共同体与其所处环境之间所形成的一种相互作用、相互依存、不可分割的有机整体。需要说明的是，这个概念是以"民间习武共同体"为基本单元划分的，而不是以"拳种"为基本单元划分的，之所以如此，主要是考虑到拳种与民间习武共同体之间的不对等性，通常一种拳种对应的民间习武共同体数量不止一个，有可能是多个，因此以"民间习武共同体"为基本单元定义民间习武共同体的文化生态系统概念虽然不符合生物分类学将物种作为基本单元和文化分类学将文化物种作为基本单元的学理，但是易于传统武术保护的实操。需要补充说明的是，不同民间习武共同体之间的关系亦包括两大类：第一，不同拳不同师之间的关系，即不同拳种不同师父之间的民间习武共同体关系，如跟随陈小旺师父学习陈氏太

[①] 冯天瑜，何晓明，周积明.中国文化史：珍藏版[M].上海：上海人民出版社，2015：8.
[②] 刘登翰，陈耕.论文化生态保护——以厦门市闽南文化生态保护实验区为中心[M].福州：福建人民出版社，2014：44.

极拳的民间习武共同体与跟随吴连枝师父学习吴氏开门八极拳的民间习武共同体；第二，同拳不同师之间的关系，即同一个拳种不同师父之间的民间习武共同体关系，如同属于陈式太极拳，拜陈小旺为师父的民间习武共同体与拜陈正雷为师父的民间习武共同体，这两种关系构成了不同民间习武共同体之间的主要关系类型。

  在民间习武共同体的文化生态系统中，民间习武共同体是最为活跃和重要的一个因素。民间习武共同体不仅创造了诸多风格迥异的传统武术拳种，同时担负着这一拳种传承与发展的历史使命。民间习武共同体对于其所承载的传统武术拳种，负有积极保护、改造和优化的责任，以适应自身传统武术拳种及外部文化生态环境永续发展的需要。因此，在民间习武共同体的文化生态系统中，民间习武共同体是居于核心的、主导的地位，这是积极的一面。同样民间习武共同体内部也有消极的一面，也有一些不利于自己拳种传承与发展的消极因素，如"传男不传女，传内不传外"的传承观念、相对落后的训练方法体系等，因此不能够与当前的文化生态环境形成良性互动循环效应，致使他们所承载的传统武术拳种失去了生命力，面临着传承危机，不利于文化生态系统的平衡性和多样性。可见，在民间习武共同体的文化生态系统中，民间习武共同体是最为核心的主导因素。传统武术拳种、文化生态环境和居于中心地位的民间习武共同体构成民间习武共同体文化生态系统的三大要素。

（三）民间习武共同体文化生态系统的层次划分

  根据张诗亚教授观点，文化生态系统分为"自然环境、社会环境、精神环境"三个层次，这三个层次构成所有文化物种生成发展的环境系统，有机统一于人类的各种实践活动之中，并对人类的生产生活及其文化物种的生成发展产生深远影响。这一文化生态系统不仅包含着不同文化物种之间，以及文化物种与其所居环境之间横向联系的空间结构，还包含着随着时间推移而不断遗传变异的时间结构。是一个不断发展的、动态的和开放的系统，是一个不断追求相对平衡、稳定与和谐的系统，

第三章　论民间习武共同体的文化生态结构

是一个具有复原力（Resilience）和稳定力（Stability）的系统[①]。

马志政教授认为："自然环境、社会环境和文化环境构成了人类主体生存和发展的总体环境。其中，文化环境既是整个社会环境的组成部分，又对社会稳定、发展和进步发生着巨大的作用。"[②]这里的"文化环境"实际上和张诗亚教授讲的"精神环境"内涵是一致的。

根据以上学者观点，民间习武共同体作为传统武术的载体，其文化生态系统也同样包含着自然环境、社会环境、文化环境三个层次。但是，由于民间习武共同体是一个以人为要素和以习武为目的的群体，包括师父在内的每一位共同体成员，他们不仅是社会的人（一般文化属性），同时又是武术的人（特殊文化属性），有着双重身份。社会的人是其身份的一般性，武术的人是其身份的特殊性。因此，民间习武共同体这一群体在社会环境中往往也存在着双重身份，即社会群体身份（一般文化群体）和武术群体身份（特殊文化群体）。其中，社会群体是其一般性，武术群体是其特殊性。民间习武共同体首先是社会群体的一部分，在此基础上才能作为一个相对独立的武术群体而存在。而且，"不论微观主体还是宏观主体［马志政在《探讨环境分类　建立哲学环境理论》一文中提出：（人类的）主体有两类，一类是以特定个人、个体为主体，我们称之为微观主体；另一类以特定群体（为阶级、阶层、团体、政党、民族、人类）为主体，我们称之为宏观主体］，其活动的环境超越不出自然环境、社会环境、文化环境三大部分"[③]。

从民间习武共同体的双重身份属性来看，其文化生态系统亦涵盖着两个方面功能：第一，满足一般文化生存发展的环境，人类所创造的一切文化的生存与发展均离不开自然环境、社会环境、精神环境，这部分不是我们研究的重点；第二，满足传统武术文化生存发展的环境，即在自然环境、社会环境、精神环境中会影响传统武术生存发展或者影响民

[①] 张诗亚. 祭坛与讲坛——西南民族宗教教育比较研究［M］. 昆明：云南教育出版社，1992：213-219.
[②] 马志政. 论文化环境［J］. 浙江大学学报：人文社会科学版，1999（2）：71-79.
[③] 马志政. 探讨环境分类建立哲学环境理论［J］. 杭州大学学报，1997，27（3）：84.

间习武共同体存在发展的那部分内容，这部分才是我们需要关注和研究的重点。

根据民间习武共同体文化生态系统的概念解释和层次划分，本文将维系传统武术文化生存发展的自然环境、社会环境、精神环境称为民间习武共同体的"大环境"，将不同民间习武共同体之间所形成的环境称为民间习武共同体的"小环境"，"小环境"是"大环境"中的一部分，它们有机统一于民间习武共同体的文化生产与实践活动之中，并对维系民间习武共同体文化生态系统的平衡和传统武术文化的生存与发展产生深远影响。

二、"内生态"的理论基础：武术文化结构理论

民间习武共同体的内生态是指民间习武共同体及其所承载的传统武术在漫长的历史传承与发展过程中所逐渐生成的内部生态环境。也正是由于民间习武共同体内部生态环境的存在，其所承载的传统武术拳种才可以历经千年流传至今而不辍。这一环境涵盖了民间习武共同体传承与发展传统武术文化所需要的一切要素，包含着功法体系、拳械套路体系、训练方法和手段体系、门规制度体系、师徒伦理观念、拜师仪式体系等，这一内部生态环境是民间习武共同体在传承与发展传统武术过程中所自然形成的环境，习惯上，我们喜欢将它们统一归之为"武术文化"的范畴。因此研究民间习武共同体的内部生态环境，需要从武术文化形态的结构层面进行剖析。本文运用文化学中的文化结构理论，对民间习武共同体的内生态结构进行剖析。

（一）文化结构理论阐释

受西方结构学派对文化结构划分的影响，我国学者庞朴于1986年分别在《文化的民族性与文化的时代性》和《文化结构与近代中国》两篇文章中对文化结构进行了三个层次划分（"文化三层次"学说），得

到学界的广泛认同。①［庞朴根据余英时的文化变迁四层次说为依据，余英时的文化变迁四层次说略谓"非常粗疏地说，文化变迁可以分成很多层：首先是物质层次，其次是制度层次，再其次是风俗习惯层次，最后是思想与价值层次。"（《从价值系统看中国文化的现代意义》，台湾，1984年）另外，著名历史学家钱穆将亦有类似的划分，将文化结构分为三个阶层即物质的，面对的是物世界；社会的，面对的是人世界；精神的，面对的是心世界］依照庞先生的观点，文化结构包含三个层面：外层是物的部分，即马克思所说的"第二自然"，或对象化了的劳动；中层是心物结合的部分，包括关于自然和社会的理论、社会组织制度等；核心层是心的部分，即文化心理状态，包括价值观念、思维方式、审美趣味、道德情操、宗教情绪、民族性格等。这三个层面相互作用、相互影响、彼此相关，形成一个不可分割的有机整体，成为武术学界划分武术文化形态的重要理论依据。

（二）武术文化形态三层次

对民间习武共同体外生态的层次划分，实际上是基于传统武术文化的视角"外观"得出的结论，若是基于传统武术文化的视角"内视"便会发现，传统武术文化自身内部同样包含着相似的三个层次。

武术文化既然作为中华文化母体之下的一项子文化，无论是在外部文化生态系统层次上，还是在内部生态结构构成上都应当与其母体文化结构保持一致。或者说，在中华文化这一母体影响下，武术文化应当具备和母体文化一样的内部结构系统，否则，传统武术作为一种文化存在的理由便不成立。

受文化结构理论的影响，在1997年出版的《武术理论基础》中，明确地将武术文化形态的结构分为"物器技术层（技与术）""制度习俗层（礼与艺）""心理价值层（道与理）"三个层次，得到了武术学界

---

①庞朴.文化的民族性与时代性［J］.北京社会科学，1986，2：5.

的广泛认同,成为本文剖析民间习武共同体内生态的理论依据[①]。当然,也有一些学者存有不同的分法。如早在1992年山东师范大学李成银教授在《试论中国武术文化的结构》一文中,将武术文化结构划分为"武术技击观、武术伦理观、武术价值观"三方面内容;1997年华桦在《试论武术文化的层次结构及其关系》一文中,将传统武术文化的层次结构分为空间文化层和时间文化层[②]。在对武术空间文化层的划分中,又分为了上、中、下三个层次,上层是以物质形态或物化形式表现的部分,中层是以人的行为活动或语言文字方式表现的部分,下层是以人的意识形态表现的部分;1998年康戈武教授在《古代武术演进的文化结构研究》中将武术结构划分为表层、中间层和深层三个层面,表层是武术的运动形式,包括武术功法、套路、格斗三种运动形式[③]。中间层是武术动作,即构成运动形式的基本单位——徒手和握持兵械的动作。深层是武术的价值观念、思维方式等指导动作和运动形式的武术意识的总和。在这三个层面中,处于中间层的武术动作是结构的核心[④]。这些研究观点为武术结构理论的研究提供了不同的视角和参考。

物器技术层、制度习俗层、心理价值层三个层次之间相互作用、相互影响、彼此相关,共同构成了民间习武共同体的内生态。其中,核心层为心理价值层,它反映着民间习武共同体的心理价值取向,在武术文化的物器技术层和制度习俗层中居于支配地位,是实现传统武术共时性发展和历时性延续的精神保障,为民间习武共同体自身发展及传统武术文化发展提供重要的智力支持。民间习武共同体的物器技术层和制度习俗层都是心理价值层的外化表现,心理价值层的内容往往需要通过制度习俗层和物器技术层显现出来,这为我们下一步把握和分析民间习武共同体内隐的心理活动提供了一个既明确又易于操作的分析思路。

---

①全国体育院校教材委员会.武术理论基础[M].北京:人民体育出版社,1997:27-28.
②李成银.试论中国武术文化的结构[J].北京:体育科学,1992,12(4):19-21,93.
③华桦.试论武术文化的层次结构及其关系[J].湖北:湖北体育科技,1997(2):9.
④康戈武.古代武术演进的文化结构研究[J].北京:体育文史,1998:24.

三、民间习武共同体文化生态结构综论

综上所述,民间习武共同体的外生态以文化生态系统理论为依据,民间习武共同体的内生态以文化结构理论为依据,可以看出,这虽是两种理论依据不同的系统,但都是基于"武术文化"视角,以文化分类学原理为依据,以文化物种——传统武术单一拳种为基本单元,以民间习武共同体为研究对象而划分和推导出来的。由于"武术文化"是以"文化"母体理论为依据的,因此民间习武共同体的"外生态"与"内生态"二者之间具有相通的联系,这种联系需要我们在厘清文化的"外生态"与"内生态"之间关系的基础上进行分析。

(一)文化的"外生态"与"内生态"关系分析

基于文化的视角"外观"可知,文化的外生态是一切文化物种赖以生存与发展的外部生态环境,分为自然环境、社会环境、精神环境三个层次;基于文化的视角"内视"也可知,文化的内生态是一切文化物种在长期生存与发展过程中形成的内部生态环境,分为物的层面、心物结合的层面、心的层面三个层次。文化的外生态与内生态的关系表现为:外部自然环境决定了内部物的层面,外部社会环境决定了内部心物结合的层面,外部精神环境决定了内部心的层面。外生态中的自然环境不仅影响着社会环境和精神环境,而且影响着内生态中的物的层面、心物结合的层面和心的层面;外生态中的社会环境反过来不仅会影响自然环境和精神环境,而且影响着物的层面、心物结合的层面和心的层面;外生态中的精神环境反过来不仅会影响自然环境和社会环境,而且影响着物的层面、心物结合的层面和心的层面。内生态中的物的层面不仅受心物结合的层面和心的层面的影响,而且受外生态中的自然环境、社会环境和精神环境的影响;内生态中的心物结合的层面不仅受物的层面和心的层面的影响,而且受外生态中自然环境、社会环境和精神环境的影响;

内生态中的心的层面不仅受物的层面和心物结合的层面的影响，而且受外生态中自然环境、社会环境和精神环境的影响。外生态的三层次之间互相作用、互相影响、彼此相关，内生态的三层次之间亦是如此，同时外生态的三层次决定和影响着内生态的三层次，内生态的三层次亦会影响和反作用于外生态的三层次。作为文化观察的两种截然相反的向度，"内生态"的三个层次与"外生态"的三个层次之间，即物的部分与自然环境、心物结合的部分与社会环境、心的部分与文化环境之间是一一对应与相通的，并且以人为连接点，以某文化物种为基本单元，有机统一于人类的各种文化生产与实践活动之中。人类便是通过各种各样的文化生产与实践活动把文化的"外生态"与"内生态"有机统一起来的耦合体。这为分析民间习武共同体的内外两种文化生态系统提供了理论依据。

（二）民间习武共同体的"外生态"与"内生态"的关系分析

基于以上分析，本文亦将民间习武共同体的文化生态环境分为"外生态"和"内生态"两部分。外生态是民间习武共同体生存和发展的外部文化生态环境，这里面包括"大环境"和"小环境"两个部分。之所以划分了"小环境"，主要是因为这里划分的依据不是以传统武术所有拳种为依据而划分的，也不是以传统武术某单个拳种为依据而划分的，而是以"民间习武共同体"为基本单元划分的，原因在前面内容中已经解释了，故不赘述。依据前面对文化外生态的分析，民间习武共同体外生态中的大环境可以分为自然环境、社会环境、精神环境（又称"文化环境"）三个层次；小环境是指由不同民间习武共同体之间所形成的环境。内生态是民间习武共同体在自身的生成与发展过程中（或传统武术在传承与发展过程中）形成的内部文化生态环境，包括物器技术层、制度习俗层、心理价值层三个层次。它们之间的结构联系详见图2。

第三章 论民间习武共同体的文化生态结构

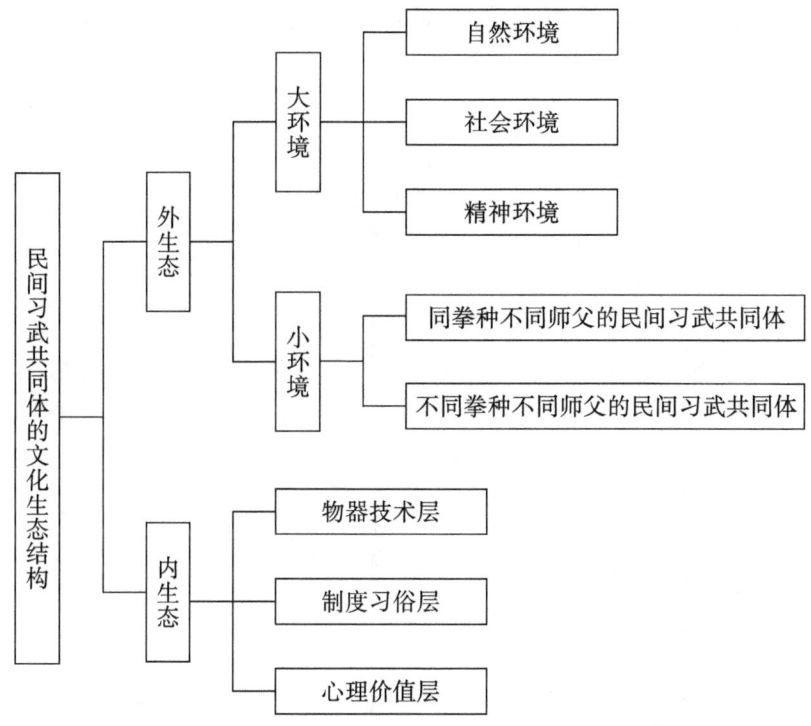

图2 民间习武共同体文化生态结构示意图

与上述文化的外生态与内生态之间的关系相同，外生态的三层次之间互相作用、互相影响、彼此相关，内生态的三层次之间亦互相作用、互相影响、彼此相关，同时外生态的三层次决定和影响着内生态的三层次，内生态的三层次亦会影响和反作用于外生态的三层次。民间习武共同体外生态大环境中的三层次与内生态的三层次之间，即自然环境与物器技术层、社会环境与制度习俗层、文化环境与心理价值层之间是一一对应与相通的。民间习武共同体便是通过各种各样的传统武术文化生产与实践活动把文化的"外生态"与"内生态"有机统一起来的耦合体。唯一不同的是民间习武共同体的外生态划分出了一个小环境，小环境生存在外生态的大环境中，并受大环境三层次和内生态三层次的影响，而且小环境内部之间不同民间习武共同体亦会相互影响。民间习武共同体外生态大环境中的三层次和外生态小环境，以及内生态中的三层次有机

69

论民间习武共同体的文化生态保护

统一于民间习武共同体的各种武术文化生产与实践活动之中。其关系详见图3。

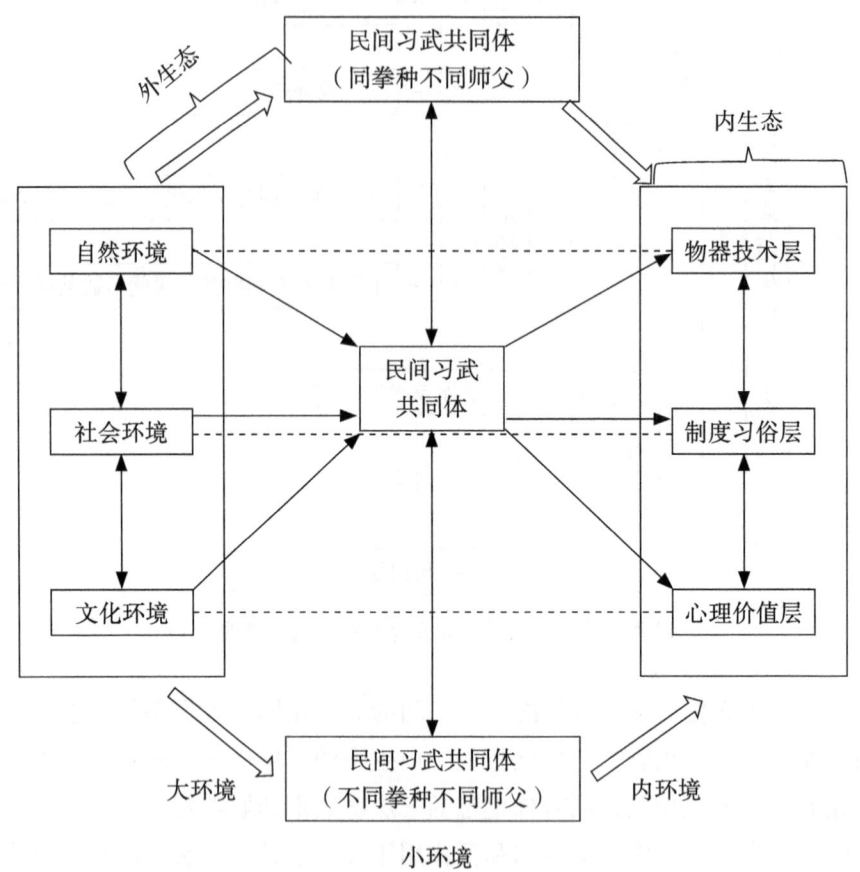

图3　民间习武共同体文化生态结构关系示意图

如图3所示，民间习武共同体不仅生活在自然环境、社会环境、文化环境所形成的大环境中，也生活在周围同一拳种不同师父的民间习武共同体和不同拳种不同师父的民间习武共同体所构成的小环境中。从生态学的视角而言，这一小环境内部的所有民间习武共同体之间既是自相鱼肉的"竞争矛盾体"，又是命运与共的"命运共同体"。某个拳种的失传或某个民间习武共同体的消失势必会对周围的其他拳种或其他民间习武共同体产生影响，这种影响在短时期来看，因为生存竞争对手的减少或许是有利的，但是若从整体和长远来看，势必会影响文化物种的多样性，不利于文化生态系统的平衡，降低了在存民间习武共同体的生存力与竞争力。外生态中的大环境和小环境通过对某个民间习武共同体的影响，作用于其内部的物器技术层、制度习俗层和心理价值层，当然，民间习武共同体内部的物器技术层、制度习俗层、心理价值层也会通过民间习武共同体的武术实践活动反作用于外生态中的大环境和小环境。民间习武共同体的外生态和内生态之间的总体关系表现为：外生态决定内生态，内生态是外生态的反映；外生态作用于内生态，内生态亦会反作用于外生态；外生态与内生态之间相互作用、相互影响、彼此关联共同构成了民间习武共同体的文化生态系统，民间习武共同体便是通过武术实践活动将外生态与内生态统一起来的耦合体。

第二节　对民间习武共同体文化生态结构构成要素的阐析

鉴于民间习武共同体外生态与内生态各构成要素之复杂性，需要对之作进一步解释与梳理。

一、对民间习武共同体"外生态"构成要素的阐析

如前所述，民间习武共同体的外生态包括大环境和小环境两个部分，其中，自然环境、社会环境、精神环境是民间习武共同体及其拳种生存与发展的大环境；不同民间习武共同体之间所构成的社群环境是民间习武共同体生存与发展的小环境，它们具体包括内容如下。

（一）大环境要素分析

民间习武共同体的大环境包括自然环境、社会环境及文化环境三部分，它们各自涵盖内容如下：

1. 自然环境

自然环境又称"自然地理环境",处于外生态大环境的最外层。自然环境包括人类赖以生存的环境要素,例如空气、阳光、水、土壤、矿物、岩石和生物等,以及由这些要素构成的各圈层,例如大气圈、水圈、土壤圈、生物圈和岩石圈等[①]。本文研究的自然环境仅指能够给民间习武共同体提供传统武术文化生产和发展所需要的各种自然条件之总和。自然环境涵盖了地理位置、地貌、水系、气候、土壤和各种生物等要素,这些要素不仅影响了人类及其文化的生产发展,是人类生存发展所不可或缺的物质基础,也是民间习武共同体进行武术文化生产与创造、传承与发展的物质基础,直接影响着民间习武共同体内生态的物器技术层。

自然环境包括"人化的自然环境"和"未人化的自然环境"两个方面。所谓人化的自然环境是指被民间习武共同体改造和利用的,为民间习武共同体提供武术文化生产发展所需要的各种物质基础的那部分自然系统。如传统武术中的仿生类拳种,模仿的对象即来源于自然界的各种生物,习武者练习武术的器械、场所及各种道具等内容均离不开自然环境的供给。可见,自然环境是民间习武共同体进行武术文化生产与各种武术活动的物质基础,主要反映在民间习武共同体对武术文化物器技术层面的影响上。而未人化的自然环境与之表述相反,是尚未被民间习武共同体开发和利用,尚未对民间习武共同体的武术文化生产、传承及发展产生影响的那部分自然环境。

马克思、毛泽东等都曾表达过"人是自然界之产物"的观点,蕴含着人类既来源于自然界,又受制于自然界的思想。总体而言,自然环境对人类主体的重要性表现在四个方面:第一,它是人类生存的空间、主体活动的物质基地;第二,它为人类的生存和发展提供必不可少的资源;第三,它是社会主体许多现象、事件的根源;第四,它引发了人类

---
① 金腊华. 生态环境保护概论 [M]. 广州:暨南大学出版社,2009:1.

多种形式的文化活动，促进了人类文化的发展[1]。

人类的生存与发展及其文化的产生和发展均不开所处的自然环境，尤其是在人类产生之初，这种依赖性更为明显与强烈。不仅如此，人类也正是在努力适应自然环境的过程中创造了与之相适应的文化类型。所以，一般而言，一种文化的产生也必然能够从其所处的自然环境中找到合理的解释。一方面，这既需要自然环境适宜人类的生存，满足人类生存的需要；另一方面，又需要自然环境为某种文化的产生创造一个有利的自然地理条件。"文化与自然环境虽然是相互作用的，但是自然环境起着最终的决定作用，它不仅允许或阻碍文化发明的运用，往往还会引起具有深远后果的社会适应"[2]。欧洲早期思想家如英国的巴克尔、法国的孟德斯鸠及德国的拉采尔等国外有名学者通过研究认为自然条件的不同是造成民族文化差异的重要原因。巴克尔坦言："气候、食物、土壤和地形四个主要自然因素决定着人类的生活和命运。"尽管，文化生态学素来反对"环境决定论"的观点，但是，我们仍不能忽视自然环境对人类文化的重要影响，特别是对民间习武共同体的影响。

2. 社会环境

社会环境是一个与自然环境相对的概念，处于外生态大环境的中间层。社会环境是指人类的社会制度等上层建筑条件，包括社会的经济基础、城乡结构，以及与各种社会制度相适应的政治、经济、法律、宗教、艺术、哲学的观念和机构等[3]。本文研究的社会环境仅指能够影响民间习武共同体及其拳种的生产、传承与发展的那部分环境。由于社会环境构成要素复杂，在这部分社会环境中本文主要关注人类的生产生活方式和社会组织制度对民间习武共同体的影响两个方面。人类的生产生活方式代表了人类的社会经济环境方面，是指人类加工、改造自然以创造物质财富所形成的一套生产条件，包括工具、技术、生产方式等；社会

---

[1] 马志政. 探讨环境分类 建立哲学环境理论 [J]. 杭州大学学报, 1997, 27 (3): 85.
[2] 夏建中. 文化人类学理论学派 [M]. 北京: 中国人民大学出版社, 1997: 230.
[3] 金腊华. 生态环境保护概论 [M]. 广州: 暨南大学出版社, 2009: 1.

组织制度环境是指人类创造出来为其文化活动提供协作、秩序、目标的组织条件，包括各种社会组织、机构、制度等结合而成的体系[①]。

民间习武共同体作为人类社会环境中的一个亚群体，是在社会经济环境与社会制度环境的影响下谋求生存与发展的，其存在的价值和意义也应当在社会环境的具体分工中产生。社会环境对民间习武共同体"内生态"的制度习俗层产生直接影响。如古代宗法制度对民间习武共同体师徒传承制度的影响、古代伦理思想对民间习武共同体师徒关系的影响等。因此可以说，自然环境孕育了一种文化的可能，而社会环境则促成了这种文化的生成与发展，抑或衰落与消亡。可见，社会环境对民间习武共同体影响之甚。

3. 文化环境

本文的文化环境又可以称为"精神环境"，处于外生态大环境的最内层。马志政教授在《论文化环境》一文中，总结了国内学者对文化环境的三种见解，即文化环境与社会环境"等同论"、文化环境是社会环境的组成部分、文化环境是文化和文化发展的构成要素和组成方面。在这三种见解中，马志政认为第二种理解是比较恰当的，即"文化环境是人类在特定的社会环境中依靠自己意识、精神的创造力造就的氛围或环境。"并指出"文化环境是主体自身意识、精神活动的产物，这种活动是在特定的社会环境中进行的，它的产物乃是社会有机体不可分割的组成部分，所以一般而言，文化环境内含在社会环境这一大系统内，是社会环境的组成部分。"[②]实际上这和张诗亚教授所指的"精神环境"是一致的，这在前面已经解释过了，故不赘述。

根据马志政教授观点，构成文化环境的主要要素：教育、科技、文艺、道德、宗教、哲学、民族心理和传统习俗等。文化环境主要通过影响人的思想价值观念，来支配人类主体的各种实践活动。本文的文化环

[①]冯天瑜，何晓明，周积明.中国文化史［M］.珍藏版.上海：上海人民出版社，2015：8.
[②]马志政.论文化环境［J］.浙江大学学报：人文社会科学版.1999，29（2）：73.

境便是指这种精神上的文化环境，即能够影响民间习武共同体生存与发展及传统武术文化生产与发展的各种精神文化要素的总和。如跆拳道、拳击、柔道等体育文化的存在及其他不利于民间习武共同体生存与发展的文化观念等，都是影响民间习武共同体生存与发展的文化要素。

  文化环境是一个相对独立而又复杂的环境，它一方面影响着人类生活的社会环境和自然环境，另一方面，又会受到自然环境和社会环境的制约。由于同一种自然环境中也会产生不同的文化类型，"某些文化类型，如亲属制度与称谓、婚姻规则及政治体制等，在同一地理区域内有着显著的差异性"[①]。从这点上讲，文化环境需要通过社会环境中具体的生产生活方式和不同的语言、文字、风俗习惯、宗教制度等形式呈现出来，才能够被人们所掌握。社会环境反映着一个群体的文化环境，有什么样的社会环境就会有什么样的文化环境。文化环境通过影响人类的思想，来左右人类的行为，从而影响整个人类社会环境的发展，这其中也包括民间习武共同体的发展。文化环境主要影响民间习武共同体"内生态"的心理价值层，如传统文化中的阴阳理论通过影响习武者的思想而创造出包含有阴阳辩证思想的各种千变万化的拳种招式。

  另外，民间习武共同体发展得好不好，其根源与其说是取决于自然环境和社会环境，不如说更取决于人类的文化环境。因此，一些拳种之所以在现代陷入困境，与其说是归罪于全球化、信息化、城镇化、老龄化、少子化等外在因素的影响，不如说受整个人类社会文化环境层面的影响更甚。如经济发达的邻国日本，在现代文明的冲击下依然完整地保留了很多优秀的传统文化（如相扑、和服等），这正是得益于其国内良好的文化环境氛围。若将自然环境、社会环境、文化环境三者对民间习武共同体生存发展的影响按照由大到小的顺序划分的话，那么，文化环境对民间习武共同体的影响最大，社会环境次之，自然环境最小。因此，文化环境是民间习武共同体"外生态"大环境中的核心层。

---

① 袁同凯.人类、文化与环境——生态人类学的视角[J].西北第二民族学院学报：哲学社会科学版，2008（5）：56.

（二）小环境要素分析

民间习武共同体的小环境是指由不同民间习武共同体之间所形成的环境系统。这里面包括两种关系：即同一拳种不同师父的民间习武共同体之间的关系和不同拳种不同师父的民间习武共同体之间的关系。以梁山地区的迷踪拳、梅花拳、洪拳、二门洪拳、三晃膀大洪拳、黄氏二郎拳、少林拳、佛汉拳八大拳种为例，民间习武共同体的小环境不仅反映出该区域传统武术八大拳种的总体分布与发展情况，而且还反映出该区域所有民间习武共同体文化生态系统的稳健度。生态学研究表明："生态系统越成熟，组成成分越多样，食物链越复杂，忍受外界干扰的能力就越大，调节能力也就越强，生态系统也越稳定。相反，成分单调、结构简单的生态系统，内部调节能力越小，忍耐力较差，生态系统也就不稳定。"[1]生态学里的不同物种之间的关系即相当于不同传统武术拳种之间的关系，生态学里的某物种以家族形式呈现出来的群体特征即相当于不同传统武术拳种下以某一位师父为中心的民间习武共同体。根据生态学理论，同一个拳种下的民间习武共同体数量越多，也就意味着这一拳种的发展也就越好，抵御其他拳种竞争的能力亦就越强。再者，当一个地域的拳种种类越丰富时，各拳种包含的民间习武共同体数量越多时，各拳种之间或各民间习武共同体之间的关系越复杂时，各拳种之间的竞争力便会越强，各拳种之间的生命力便会越旺盛，不同民间习武共同体之间的活跃度便会越高，整个拳种文化生态系统也就会越稳定，抵抗外来文化干扰的能力也就会越强。因此，相比较大环境而言，小环境更能够衡量一个地域民间习武共同体文化生态系统的稳定度，因此，小环境又是民间习武共同体外生态里的核心环境。

---

[1]陈鹏，赵小鲁.生物与地理环境[M].北京：中国青年出版社，1985：101.

二、对民间习武共同体"内生态"构成要素的阐析

根据以上对于民间习武共同体内生态的要素分析，得知其包括物器技术层、制度习俗层、心理价值层三个部分，它们各自具体包括内容如下：

（一）物器技术层

物器技术层是民间习武共同体内生态的表层结构，其要素包括各拳种（门派）的武术技术、传统武术练功器具、传统武术器械、训练场地、训练服装等内容[①]。在民间习武共同体内生态的研究中，它主要体现的是人与物之间的关系，因而深受民间习武共同体所处外生态中的自然环境、社会环境和文化环境的影响和内生态中制度习俗层和心理价值层的影响，特别是外生态中的自然环境对其的影响更为直接。

（二）制度习俗层

制度习俗层是民间习武共同体内生态的中层结构，其要素主要包括武术组织形式、武术承传方式、武术教授方式、武术礼仪规范、武德内容、武术比赛方式等内涵[①]。在民间习武共同体内生态的研究中，它主要体现的是共同体内部人与人之间的关系，即主要是指师徒之间、徒徒之间等错综复杂的人际关系，因而深受民间习武共同体所处外生态中的自然环境、社会环境和文化环境的影响和内生态中物器技术层和心理价值层的影响，特别是外生态中的社会制度和社会经济环境的影响更为直接。

[①] 全国体育院校教材委员会.武术理论基础［M］.北京：人民体育出版社，1997：28.

（三）心理价值层

　　心理价值层是民间习武共同体内生态的深层结构，其要素主要包括民间习武共同体集体所反映出来的民族性格、民族心理、民族情感等内容[①]。在民间习武共同体内生态的研究中，它主要表现为民间习武共同体与自我之间的关系，即民间习武共同体在从事与传统武术相关的活动时在心理和思想观念层面上所展现出来的一系列行为和价值取向，因而深受民间习武共同体所处外生态中的自然环境、社会环境和文化环境的影响和内生态中物器技术层和制度习俗层的影响，特别是外生态中的文化环境对其的影响更为直接。心理价值层是民间习武共同体内生态的核心层，主宰着物器技术层与制度习俗层发展的方方面面。由于这部分属于心理意识层面的内容，是文化结构中的内隐层，在实地调研中，不容易被直接观察到，因此，需要通过制度习俗层和物器技术层两个方面所表现出来的种种现象来加以分析和判断。

[①]全国体育院校教材委员会.武术理论基础[M].北京：人民体育出版社，1997：28.

第四章 论民间习武共同体的文化生态危机

基于民间习武共同体的文化生态结构分析，民间习武共同体作为人类社会的一个亚群体，主要面临内生态和外生态两方面的危机。具体表现为：第一，在外生态的大环境中，和整个人类社会一样，面临着自然环境的破坏、社会环境的变迁、文化观念的转变等共性问题，这些问题不仅影响着人们的生产与生活，也影响着民间习武共同体的生存与发展。第二，在外生态的小环境中，民间习武共同体面临着来自域外体育文化和国内竞技武术的竞争压力，以及一些拳种的失传或濒临失传等问题。第三，在内生态中，民间习武共同体面临着在拳种方面"复制"与"创新"功能的退化、师徒传承动力不足以及集体价值定位的缺失等问题，这些问题成为当前阻碍民间习武共同体生存与发展的"绊脚石"。

第一节 民间习武共同体"外生态"的时代危机

根据民间习武共同体文化生态结构的划分，民间习武共同体的外生态分为大环境和小环境两个部分。其中，大环境的时代危机在自然环境中主要表现为自然环境的破坏、在社会环境中主要表现为社会环境的变迁、在文化环境中主要表现为文化观念的转变三方面；小环境的时代危机主要表现为外来体育的冲击、竞技武术的挤压、部分拳种的失传三个方面。

一、大环境危机

《国务院办公厅关于加强我国非物质文化遗产保护工作的意见》（国办发〔2005〕18号）中提道："随着全球化趋势的加强和现代化进程的加快，我国的文化生态发生了巨大变化，非物质文化遗产受到越来越大的冲击。"这里的文化生态指的便是本研究中的大环境。随着全球化时代的到来和经济的迅速发展，人们生活的文化生态环境早已发生了天翻地覆之变化。"文化生态"的提出是中国传统文化在危机中所做出的积极反应，是传统文化"自我保护、自我创新"的内在诉求[①]。面对人类文化生态日新月异的变化，民间习武共同体的生存与发展正面临着前所未有的挑战与危机。

（一）自然环境的破坏

回顾人类社会的发展历程，总是伴随着自然生态环境的破坏。在农业化时代，主要依靠土地和森林的牺牲为代价来获取农业经济的发展；到了工业化时代，经济的发展不再单纯地依靠土地和森林的破坏，而是转向对各种自然资源及能源的综合消耗来获取工业经济的高度发展。在工业化时代，由于人类对大自然无节制的开采和破坏，导致空气污染（如雾霾、沙尘暴等）、水质污染（如工业废水、核废水、居民生活污水等）、土壤污染（如有机污染物、重金属、放射性元素等）等各种各样的污染，给自然生态环境带来了严重破坏，给人类的健康带来了重大威胁，给人类的生活带来了灾难性后果。这一破坏最终在20世纪60年代末西方爆发的一次大规模的生态运动中得到了有效地遏制，自此人类开始反思以往的发展模式，计算着曾经为了满足人类私欲而不惜任何代价的发展模式所付出的惨重代价。也正是在这次大规模的生态运动中人类

---

①李吉远，谢业雷．"文化生态"视阈下传统武术的传承与保护［J］．西安体育学院学报，
　2009，26（2）：190．

幡然醒悟，开始努力寻求一种全新的发展模式，即如何实现人与自然和谐相处的发展模式，昭示着生态文明时代的到来。

自然生态环境的破坏不仅会影响人类的生产与生活，而且影响传统武术技击技术的生产和拳种风格的形成。自然生态环境不仅仅是人类赖以生存和发展的物质基础，也是人类进行各种文化艺术创造的灵感源泉，深刻地体现在传统武术的地域差异化生产和拳种技术的仿生性生产中。人类所创造的一切形象的和抽象的文化艺术作品都不是人类凭空想象出来的，而是多从自然界中获得的启发和灵感，这同样也深刻地体现在民间习武共同体对传统武术的文化艺术创作中。

众所周知，传统武术极具地域特色，且早在春秋战国时期便已显现出来。《汉书·刑法志》载："齐愍以技击强，魏惠以武卒奋，秦昭以锐士胜。"指出齐、魏、秦三国之间的士兵在武艺方面的差异。而且，不仅武艺有地域差异，兵器也具有地域特色。据《周礼·考工记》载："郑之刀、宋之斤、鲁之削、吴粤之剑，迁乎其地而弗能为良，地气然也。"从郑国产的刀、宋国产的斧头、鲁国产的曲刀、吴粤产的剑中也可以得知当时我国冷兵器分布的地域特色。而且，即便是同一种兵器，在技法上也具有地域的差异性。如魏文帝曹丕在《典论·论文·自序》中曰："余幼学击剑，阅师多矣。四方之法各异，惟京师为善。"其中的"四方之法各异"便可为据。

另外，从"全国的地域范围来看，很早就有'南拳北腿''东枪西棍'谚语流传，这是对我国地域武术文化现象所作的整体和概括描述"。[1] "由于黄河流域及其以北地区的武术，长于腿法，架式大、节奏快，多窜奔跳跃。北派拳术需要场地较大，有'拳打四方'的习俗。长江以南地区流行的武术手法多、桩步稳、拳势激烈，并常以发声吐气助动作发劲，需要场地较小，素以'拳打卧牛之地'著称。因此，拳谚素有'南拳北腿'一说；又因为西部民族多善于棍术，像单头母子棍、双头条子棍、天齐棍、阴把棍、疯魔棍等在西部地区流传广泛；而早期诞

---

[1] 张胜利，郭志禹. 中国地域武术文化的研究模式构建[J]. 武汉体育学院学报，2011，45（4）：76.

生的优秀枪法则多流行于东部地区,像宋代的'杨氏梨花枪''李家短枪'就流传于山东一带。因此,又有了'东枪西棍'的说法"[1]。清代郭希汾曾说:"技击之南北二派,实由于天时地理之关系,出诸天演之自然,非人力所能为也。"[2]表明自然环境中地理位置、气候、物产等要素的差异通过影响人类生活而影响着传统武术文化的生产。再者,我国长江下游的吴越地区有船拳,"船拳的形成和发展与当地人的生活方式密切相关。由于吴越地区水系发达,当地人的生活依水而生,形成了吴越'以船为车'的生活方式,由此而创造了船拳"[3]。也是自然环境通过影响人类的生活而影响传统武术文化生产的有力佐证。此外,拳谚中的"北弓南弩""拳兴于齐""剑起吴越"等,都带有地理生态环境的色彩[4]。这些记载和拳谚充分地表明习武者们是在适应其所处的自然生态环境的过程中为其传统武术技术"贴上"地域性的"标签",证实了自然生态环境对传统武术技术差异化艺术创作的重要意义。

在传统武术中的仿生类拳术中,自然生态对其影响更为突出,是传统武术套路"象形取意"的素材宝库。戴国斌教授认为:"武术仿生性生产包含两个方面:一方面是象形性生产,通过模仿动作攻击力的拳术化、模仿动物生命力的养生化和模仿动物之态的游戏化,产生了新的活动方式;另一方面是会意性生产,推进了动物运动意向的身体化和人格化,增添了武术文化的表达力。"[5]第一,在拳种的象形性生产方面,如"王郎'见螳螂捕蝉之巧,悟出以短击长之理,创编螳螂拳'[6];张三丰遇雀蛇相争而悟"蟠如太极,以柔克刚之理,而粗出太极拳"[7];方

---

[1] 郭志禹,郭守靖.中国地域武术文化研究策略构想[J].体育科学,2006,26(10):87-88.
[2] 郭希汾.中国体育史[M].上海:上海文艺出版社,1993:45.
[3] 丁丽萍.吴越武术文化研究[D].上海:上海体育学院,2006:127.
[4] 程大力.论生态类型与传统体育[J].成都体育学院学报,2004(1):17.
[5] 戴国斌.武术的仿生性生产[J].上海体育学院学报,2009,33(6):6.
[6] 康戈武.中国武术实用大全[M].北京:今日中国出版社,1990:205,219,223.
[7] 少林绝技编写组.武当绝技——秘本珍本汇编[G].长春:吉林科学技术出版社,1988:276.

七娘目睹"白鹤振翼有力、走跳轻盈"而形成白鹤拳[1]等。另外，还有由龙形拳、虎形拳、蛇形拳、豹形拳、鹤形拳组成的少林五行拳；龙形、虎形、猴形、马形、鼍形、鸡形、鹞形、燕形、蛇形、鸵形、鹰形、熊形组成的形意拳中的十二形；养生类武术中最具特色的"五禽戏"等，都是习武者们通过对生活在身边动物的长期细心观察而有所悟创作出来的，若是自然环境中缺少这些模仿和学习的素材，自然不会创作出相应的仿生类拳种。第二，在拳种的会意性生产方面，基本上在所有拳种中都能看到一些会意性生产的动作因子。如八卦掌中的"飞燕抄水""猿猴坐洞"；南拳里的"左弓步双虎抓""虚部鹤嘴"；八极拳中的"狮子张口""白蛇吐信"等，不胜枚举，这些都是传统武术技术会意性生产的表现。象形性生产追求"形似"，即"象形"，会意性生产追求"神似"，即"取意"，两种仿生方式统一于传统武术的仿生类拳种文化生产中，从而使传统武术创造出多姿多彩、栩栩如生、形神兼具的仿生类技击内容。

可见，自然生态环境对传统武术文化生产的影响是非常大的。因此，由于自然生态的破坏所带来的环境污染、气候变化、物种灭绝等不仅影响着人类的生产生活，对于习武者而言，也必将会影响他们对传统武术文化的创新性生产和艺术创作，阻断他们的灵感来源。

（二）社会环境的变迁

自1840年鸦片战争打响至今不到两百年的时间里，中国社会环境按照"器物层—制度层—文化层"的顺序经历了一场"三千年未有之大变局"（李鸿章语）[2]。综合表现为：第一，在时代性质方面，经历了从农业文明时代到工业文明时代再到信息文明时代的历史变迁；第二，在社会形态方面，经历了从半殖民地半封建社会到旧、新三民主义社会再到

---

[1] 洪正福，林荫生，苏瀛汉.咏春白鹤拳[M].北京：人民体育出版社，1990：1-2.
[2] 庞朴.文化结构与近代中国[J].中国社会科学，1986：81-98.

社会主义社会的深刻变革；第三，在政策制度方面，经历了从清初闭关锁国到晚清被迫开放再到现代主动改革开放的政策变化；第四，在经济发展方面，经历了从清代积贫积弱饱受欺凌的国家到民国二战后的民不聊生再到现在一跃成为世界第二大经济体的发展历程，这三千年未有的大变局使中国从上到下、由内而外发生了一场彻底蜕变，影响着中国社会的方方面面，民间习武共同体及其承载的传统武术自然也未能幸免。

　　大变局期间，冷兵器时代的终结使传统武术彻底退出了军事战争的历史舞台，土洋体育之争，"洋体育"的大量涌入又迫使传统武术进行了一系列的体育化改造，"中国武术历经数千年的传承，在现代社会逐渐衍生为'竞技武术'和'传统武术'两大体系"。社会环境的巨大变迁、竞技武术的出现、外来体育的涌入，造成传统武术的生存竞争激烈空前，民间习武共同体及其承载的传统武术陷入传承与发展的困境。然而，"'民间传统武术'需要传承，在现代社会，以'身传心授'为传承特征的'民间传统武术'越来越边缘化，并逐渐淡出人们的视线，成为'逝去的武林'"[①]。

　　作为生成、发展和成熟于农耕文明时期的传统武术，仿若一位经历了华夏民族兴衰荣辱的从历史深处中走来的沧桑老者，在好不容易迎来的和平岁月中被人淡忘，在好不容易盼来的美好年代里竟苟延残喘，这不得不让我们为之唏嘘！

　　笔者在梁山调研期间，恰逢当地十几位年龄在50岁以上的民间武术爱好者们晨练，从他们虎虎生风的招式里，笔者不仅看到了"已步入风烛残年之人的飒爽英姿"，仿佛也从中听到了这位老者发出的"夕阳无限好，只是近黄昏"的感叹（图4、图5）。

---

①郭玉成.武术传承的文化空间［J］.搏击·武术科学，2007，4（2）：1.

第四章 论民间习武共同体的文化生态危机

图4　55岁的任宪禄师父（右）与54岁的任重祥师父（左）在晨练

图5　55岁的任重银师父在晨练

85

环顾当今时代，经济全球化、城乡一体化、农业现代化、农村空心化、教育普及化、老龄化、少子化等社会现象已成为不争的社会事实，这些社会事实对民间习武共同体的影响是空前的。集中表现为：第一，农业现代化改变了习武者们传统的生产生活方式。"农业现代化是用现代先进技术装备农业、用现代先进经营管理方法管理农业，由传统的、自给自足的自然经济转变为社会化的商品经济，使生产力水平低下的传统农业转化为先进水平的现代农业。[①]"农业现代化在我国农村的全面普及与发展，大大提高了农业产量，减少了农民参与劳作的时间，降低了劳动成本，使农民从繁重的农务中解放出来，有了更多的精力去从事他们所热爱的事情，从而彻底改变了包括民间习武者在内的所有农民的生产生活方式。第二，经济全球化改变了民间习武共同体内部成员的身份结构。经济全球化是全球化时代最为突出的特征之一，Dicken曾将其定义为"空间上分散于全球的经济活动开始综合和一体化的现象"[②]。较"男耕女织"分工简单的农耕文明时代，经济全球化是一个合作与竞争并存的时代。在这一时代，人类的职业更加多样化，分工也更为复杂和具体，即便是同一个公司同一个部门，每个人的分工亦不相同。在经济全球化时代，人们的经济来源不再局限于农业，而是有了更多的经济来源渠道，相应的人类也有了更多的社会身份，不仅有农民、还有工人、教师、学生、公务员等，从而彻底改变了民间习武共同体的内部成员结构。仅就梁山县任庄村任有领师父门下的160余个徒弟而言，在家务农的农民有约120位，在工厂上班的有30多位，银行职员有6位，公务员2位，其他职位约有10余位。而且在120余位农民里面，纯粹在家务农的农民不足20位，其余的100多位农民一边种地，一边在外打工。因此，尽管农业现代化使他们从繁重的农耕中解放出来，但是在一切以经济利益为基础的经济化社会，绝大多数农民都在一边种地，一边从事其他副业，这已成为我国农村的常态。民间习武共同体成员身份的复杂性使得即便是同处一个村落的师兄弟们之间也聚少离多，大家也只有在逢年过节时才能

---

①杨爱君.工业化、城镇化与农业现代化的互动发展研究［J］.学术论坛，2012（6）：111.
②PeterD.GlobalShift（4thedition）［M］.London：SagePubli-cations，2004.

第四章 论民间习武共同体的文化生态危机

够相聚。职业的不同，杂务的增加，使得大家平时都比较忙，能够聚在一起跟着师父练功学拳简直成了每位民间习武共同体成员的一种奢望，这是民间习武共同体所有成员在当今传统武术传承与发展过程中面临的最为严峻的问题。第三，城乡一体化打破了农村与外界之间相对封闭的天然屏障。城乡一体化是指打破城市与乡村之间的二元结构，消灭城市和乡村之间的差别，实现城市和乡村的一体化发展[1]。贺雪峰认为村庄共同体由三种边界构成：一是自然边界；二是社会边界；三是文化边界[2]。而城乡一体化无疑将会彻底打破这三种边界的限制，打破千百年来所形成的"鸡犬相闻老死不相往来"的相对封闭的农耕文明生活方式，实现城市与乡村之间在社会、经济、人口、教育、文化等领域全方位深层次的互动与交融，使广大农民即便身在农村也能够接触到外界的各种最新讯息和先进的知识文化，这些变化无疑会改变民间习武共同体生存的文化空间。第四，农村空心化是造成传统武术在民间传承过程中出现年龄两极分化现象的罪魁祸首。农村人口"空心化"是指农村青壮年劳动力大量流入城市，导致农村青壮年人口比例严重下降，在年龄和性别上出现严重的"两极分化"。表现为在年龄上出现了老人和儿童的分化现象，在性别上出现了青壮年女多男少的分化现象，农村剩下的人大多数是老人、妇女和儿童。"中国农村人口空心化是20世纪90年代以后出现的新现象，对中国的未来具有划时代的历史性意义，因为它意味着中国正在逐步走出传统的乡村社会，迈向现代社会。"[3]农村空心化造成民间习武共同体传承中青壮年人群的流失，在农村习练传统武术的群体中中老年人的比例占到了绝大多数，儿童青少年只占到了少数，在年龄上出现了的青壮年年龄层的"断代"现象。第五，教育普及化打破了农村民间习武共同体的传承寄托。自1978年改革开放以来，我国教育实行了重大改革，到20世纪末，基本上普及了九年义务教育，基本上消除了青壮年

---

[1] 甄峰.城乡一体化理论及其规划探讨［J］.城市规划学刊，1998（6）：28.
[2] 贺雪峰.新乡土中国［M］.北京：北京大学出版社，2013：56.
[3] 周祝平.中国农村人口空心化及其挑战［J］.人口研究，2008，32（2）：45.

文盲,高等教育的毛入学率到2003年更是达到17%[①]。教育发展至今,不仅中小学全面普及了义务教育,甚至连大学升学率也是连年上升。据教育部公布的数据显示,2015年高考报考人数达到942万人,其中700万人能够进入大学,高考录取率高达74.3%。其中本科生366万人,高职(专科)334万人。教育的普及化让绝大多数"儿少青"进入了学校系统,使得传统武术在"儿少青"中的传承也举步维艰。另外,还有老龄化、少子化等社会现象也都对民间习武共同体的传承与发展产生了重要影响。

如上所述,在当前社会环境中出现的经济全球化、城乡一体化、农业现代化、农村空心化、教育普及化、老龄化、少子化等一系列社会现象的"合力"影响下,导致民间习武共同体的生存环境异常复杂,这对传统武术的传承与发展造成了极大影响。

（三）文化观念的转变

我国是一个拥有五千余年悠久历史的文明古国,在这五千余年的历史长河中,我们祖先用自己的勤劳和智慧创造了光辉灿烂博大精深的中华文化,这在过去相当长的一段时期内(确切地说,应该是从先秦诸子百家争鸣至鸦片战争前夕的一段时期)一直是我们引以为傲的资本。尽管在这一段历史时期内旧有的文化不断地被赋予新的理解,新的文化也层出不穷,时代不断地发展,朝代不断地更迭。但是,备受历朝统治者和历代人民推崇的文化始终不离儒、释、道三家,封建君主专制的政治体制没有变化,农耕文明的时代背景没有改变,"家国同构"的宗法社会性质没有变化。因此,在古代,人们的文化观念并未有本质的不同。

传统武术的发展亦是如此,尽管有很多统治者为了维护其政权稳固和国家统一而对民间下达了严厉的"禁武令"(如清朝雍正年间的"禁武令"),甚至有时发展到收缴天下的兵器(如秦朝秦始皇灭了六国后,为了维护国家统一和专制皇权,采取的最重要的措施之一就是收缴

[①] 顾明远. 教育改革是一项社会系统工程[C]. 北京:第三届中国科学家教育家企业家论坛论文集,2004:193. 转载自《人民日报》2004年2月20日第11版.

第四章 论民间习武共同体的文化生态危机

天下兵器，禁止民间习武）的境地，但是传统武术的发展从未停息过，人们对它的钟爱也丝毫未曾动摇过。究其根本原因就在于传统武术技击功能的唯一性及不可替代性，以及缺少安全感的社会环境等多重因素共同作用。一方面，在过去的绝大多数历史时期中，社会环境动荡不安，国家时常会面临着内忧外患的问题，人们普遍缺少安全感；另一方面，在西方体育没有正式进入国内时，中国除了具有技击功能的传统武术之外，人们再无其他功能相同的种类可选。传统武术所独具的"大则可以保家卫国、小则可以自卫防身"的技击价值功能得以彰显，且备受青睐。所以，很多人都会（也只有）通过习练传统武术的方式来提高自身的防卫能力，以保家卫国和自卫防身。这也可以用以解释为什么传统武术在华夏大地延绵数千年而从未间断的原因所在。

然而，好景不长，鸦片战争以来，随着西方的坚船利炮彻底打垮了国人的大刀长矛，西方的思想文化也一并粉碎了国人的文化自信。于是，我国众多的有志之士们开始不断地寻找败于西方的根本原因和救国救民的方法良策，根据著名学者庞朴的分析，他们先是怀疑我们的武器落后，其次是怀疑我们的政治体制有问题，然后再到怀疑我们的整个中国传统文化，最后逐渐蔓延到怀疑我们的一切。传统武术也在这一普遍的怀疑中未能幸免。

伴随着19世纪二三十年代西方体育的传入，各界人士围绕着武术的体育化展开了激烈讨论，讨论的焦点是提倡以近代西方体育为形式的"洋体育"，还是提倡以传统武术等为形式的"土体育"[1]。"土洋体育之争"成为武术（传统武术）向近代体育转变的分水岭，由此拉开了传统武术体育化的序幕。而今天的竞技武术也是这一思潮碰撞的成果[2]。

然而，值得一提的是，自鸦片战争以来，以"光绪二十七年（公元1901年），清廷宣布废止为选拔军事人才而设的武举制"为发端，传统武术的发展并未受到冷兵器退出军事战争舞台、武举制废止、武术向西

---

[1] 周伟良.中国武术史[M].北京：高等教育出版社，2003：116.
[2] 李印东.武术释义——武术本质及功能价值体系阐释[M].北京：北京体育大学出版社，2006：1.

方体育化转变的影响而消失，反而在民间重获新生大放异彩，并于清末民初时期出现了太极、形意、八卦等一些新的拳种流派，成为传统武术发展史上空前绝后的鼎盛辉煌时期和传统武术发展成熟的重要标志[①]。

即便是在军阀割据、民不聊生及"中华新武术"诞生的民国时期，传统武术的发展亦是风生水起。以1910年霍元甲等人在上海创办"精武体育会"为发端，全国上下武术会社如雨后春笋般涌现。据不完全统计，上海除精武会外，还有中华武术会等30多家武术会社，北京除1911年成立的北京体育研究社外，还有中华尚武学社等25家武术会社。天津除1911年成立的中华武士会外，还有道德武术研究会等10余家武术会社。其他大中城市的情况也大体如此。以1928年张之江发起成立的中央国术馆为首，在全国各省、市、县通设了国术馆，几乎没有一个城镇无武术组织。这些武术组织为当时全国传统武术的发展起到了极大地促进作用。特别是中央国术馆的成立，为国家培养了大批的武术人才，如张文广、何福生、康绍远、温敬铭等，他们为中华人民共和国武术事业的发展做出了巨大的贡献。

到了中华人民共和国成立时期，经历了十年的"文化大革命"以后，传统武术的发展也并未因此完全凋零。甚至在20世纪80年代，以《少林寺》《水浒传》等武打影视的热播为契机，引起了全国民众的"武术热"，掀起了一股习武高潮。以梁山为例，据统计，在20世纪90年代，梁山全县武术训练点曾达到190余处，武术馆（校）发展到20余所，太极拳辅导站10余处，参加武术活动的群众多达20余万人，成为梁山武术发展史上又一个鼎盛时期，形成一幅"家家插柳，户户打拳"的景象，造就了一大批知名拳师[②]。如梅花拳的王清月、冯天民、张大见等；少林拳的常秉章、段道坤、宋广生、刘怀良等；迷踪拳的任福祯、任有领、刘洪元、任有朋等；佛汉拳的丁运孝、丁永武等；洪拳的牟久文、肖大本、李相山、王俊山、王传俭、肖文福等；二门洪拳的秦振杰、秦振魁、邓福存等；黄氏二郎拳的黄振台、黄传芳等；三晃膀大洪

[①] 国家体委武术研究院.中国武术史 [M].北京：人民体育出版社，1996：283.
[②] 梁山县政协文史委.梁山武林 [M].北京：中国文史出版社，2005：2.

拳的郑如科等，每位名师门下都有几十人上百人甚至上千人的徒弟（如梅花拳名师冯天民，据其子冯建设讲，其父徒弟约有2000余人，遍及梁山各大乡镇及周边几个县市），他们都为各自拳种的传承与发展做出了重大贡献。但是，在这一时期，由于国家经济发展还相对落后，农村相对封闭，人们的思想观念相对保守，再加上受武侠影视热播的影响，如20世纪80年代除了有《少林寺》《水浒传》外，还有《三国演义》《霍元甲》《楚留香》《射雕英雄传》《自古英雄出少年》《神雕侠侣》《南拳王》等许多与武术题材相关的影视剧，人们对武术仍抱有很高的期待和幻想，中国武术被赋予神话色彩。所以，尽管这一时期，传统武术总体发展非常喜人，但是由于国家政策的导向作用，竞技武术的发展势如破竹，绝大多数武术爱好者都选择进入相对规范专业的武术学校或武术俱乐部学习竞技武术，这也极大地影响了民间传统武术的传播与发展，使传统武术错失了一次再铸辉煌的良机。

如今，"武术热"早已退去，在文化全球化的影响下，人们的文化观念早已发生了天翻地覆之变化。随着现代人们生活节奏的加快，工作压力的增大，以及环境的污染，人们愈发意识到健康的重要性，工作之余健康逐渐成为人们的永恒追求，人们的运动理念发生了翻天覆地的变化。传统武术不再是人们获得健康长寿的唯一选择，快走、跑步、游泳、瑜伽、羽毛球、乒乓球等国外体育运动项目成为广大健康追求者的理想选择。即便是对于喜欢技击项目或防身需求的人们，传统武术也不再是他们获得技击能力的唯一手段，拳击、跆拳道、泰拳、柔道、自由搏击等一些国外的格斗对抗性项目成为广大技击爱好者蜂拥而至的"香饽饽"，传统武术中所蕴含的技击功能、养生功效和文化内涵被人们淡漠，传统武术的传承与发展面临危机。

二、小环境危机

"武术是国粹，是珍贵的历史文化遗产，武术在中国的发展一直沿着民间与官方、大众与精英、传统与现代、修养与竞技两条不同的道路前进。"①然而，传统武术发展至今，早已在这两条发展道路上失去了栖身之地。表现为：第一，在官方制定的武术发展战略体制下，竞技武术成为官方的"宠儿"而一花独开，成为武术精英实现武术梦想的必由之路；第二，在与传统武术功能发生重叠的诸多外来体育项目的竞争中，外来体育以其动作易学、内容简单、规则清晰、效用突出、外型时尚、趣味性强等优势迅速席卷国内市场，成为广大民众喜爱的运动方式。因此，传统武术的群众基础与精英群体亦不复存在，一些拳种逐渐流失，传统武术的发展走入困境，民间习武共同体的规模出现萎缩，置身于未来的迷茫之中。

（一）外来体育掠走了民间习武共同体广泛的群众基础

邱丕相[②]、王国志[③]等人亦提出过此观点。在其他因素不变的前提下，外来体育的涌入无疑会"抢占"传统武术的一部分"市场份额"。尤其是在功能上和传统武术发生重叠的体育项目更是如此。如在自卫防身方面，泰国的泰拳、韩国的跆拳道、美国的拳击等外国格斗对抗性项目也同样具有极强的自卫防身功能；在健身娱乐方面，许多田径项目（如慢跑、各种中长跑等）和球类运动（如羽毛球、乒乓球、网球、篮球、足球等）也同样具备很好的健身娱乐功用；在健康养生方面，瑜伽、普拉提等运动方式也同样具有极高的健康养生功效。而且，"它们（外来体育）迎合了世人的生活需求和心理满足，学习这些项目要比学习武术快捷得多，容易得多，方便得多。"[④]因此，在动作简单、规则清晰、效用突出、新潮时尚、充满乐趣的外来体育面前，我们不得不

---

①虞定海，牛爱军. 中国武术传承研究——非物质文化遗产视角［M］. 北京：人民体育出版社，2009：42.

②邱丕相，马文国. 关于中国武术发展战略的几点思考［J］. 西安体育学院学报，2005，22（6）：1-7.

③王国志，邱丕相. 中国武术"越武越寂寞"的症结及发展策略［J］. 武汉体育学院学报，2010，44（4）：94.

④栗胜夫. 论我国传统武术的传承与发展［J］. 武汉体育学院学报，2007，41（4）：43.

承认,尽管我们引以为豪的传统武术源远流长、博大精深,但是,在当今大众的心中,外来体育确实要比我们老祖宗留下来的传统武术更受欢迎,而且在很多方面,我们也不得不承认,外来体育确实要比我们传统武术做得出色。

以跆拳道为例,在技术上,跆拳道技术具有相对简单、学习时间短、见效快的特点,这些技术特点迎合了大多数人的需求,更容易被大众接受[1]。而传统武术动作复杂,拳种丰富,需要花费毕生的精力去学习,这一"优点"反倒成为传统武术面向大众推广普及的"劣势"。在服装上,跆拳道对服装有着严格地区分和精心地设计,仅从腰带上就有从白到黑、由浅到深的六种颜色以区分学生的段位等级。而传统武术在服装及服装颜色上并没有明确而规范的要求,民间习武者在习拳时一般多穿彩服或运动服,在穿着上显得比较简单随意(图6)。在礼仪上,跆拳道视礼仪为练习者基本精神的体现,强调"以礼始、以礼终",习练者在和对手一起练习或比赛时,都需要在练习或比赛前后向对方行礼。在千百次这种看似繁文缛节的礼仪中,习练者不知不觉会养成良好的行为规范[2]。而传统武术各拳种(门派)尽管在收徒弟时都有着对品德方面的严格考察,而且在日常待人接物过程中也有着很多的讲究和规矩,甚至一些拳种在收徒弟时要求上推三代不能有品德不良之人,但是在日常礼仪上并没有一套体系完整且可供参照的礼仪规范,而这与跆拳道一目了然的礼仪相比,传统武术的礼仪给人的感觉似乎有些过于隐晦;在规则上,跆拳道规则比较容易制定,得分和判罚都比较容易判定,而传统武术流派门派众多,拳种风格各异,在比赛规则仍存有一些争议。因此,和跆拳道相比,这些都成为不利于传统武术发展和推广的重要因素。

经过以上对比,让我们不得不反思传统武术自身的优势所在,反思

---

[1]郭玉成.跆拳道、空手道、柔道传播对武术传播的启示[J].上海体育学院学报,2004,28(2):46.
[2]孟庆波,赵峰.从跆拳道的发展看中国武术的国际化推广[J].山东体育学院学报,2002,18(2):34.

论民间习武共同体的文化生态保护

图6 笔者（前排右一）与梁山县任庄村任有领的部分弟子合影

外来体育在我国大放异彩的真正原因，并在这一反思中能有所悟，更有所改。如今，在中国各大中小城市中，习练跆拳道的人数要远多于习练传统武术的人数。可见，在中国自己的舞台上，传统武术早已失去了深厚的群众基础，今非昔比，它的优势与曾经的魅力早已不复存在，习武人群的转移和萎缩已成不可阻挡之势。

据笔者在梁山调研发现，不少民间传统武术爱好者，甚至一些传统武术传承人为了生计，凭借自身几十年传统武术的功底和对体育事业的热爱，纷纷学习了当前在国内非常时兴的外来体育项目，并改行从事了其他体育事业。如梁山梅花拳第17代传人冯建设，在梁山开办起了跆拳道馆，专门教授起了跆拳道（图7）。因此，对于不知花费我们祖先多少代人的心血与智慧凝结而成的传统武术而言，到了我们这个时代，却转化成为我们学习和推广域外体育项目的有利条件，这不仅对于整个中国武术，甚至对于整个中华传统文化而言，无不是莫大的讽刺和悲哀！

第四章 论民间习武共同体的文化生态危机

图7 冯建设（后排中）和他跆拳道班的部分学生合影

（二）竞技武术抽空了民间习武共同体潜在的精英人才

周伟良[①]、李吉远[②]等人亦提出过此观点。竞技武术的产生对传统武术的发展造成了很大的冲击。竞技武术是"土洋体育之争"的产物，"是在传统武术基础上，由20世纪50年代开始逐步形成发展的，以套路和散打为两大活动内容，以教练员和运动员为活动主体，依照竞赛规则，以争取优异成绩为根本目的的中国现代竞技体育项目"[③]。

在竞技武术没有产生之前，即便是在"土洋体育之争"发生之后，由于西方体育刚刚传入我国，在我国广大民众中间仍是一个比较陌生的概念，再加上传统武术根深蒂固的历史影响，因此，无论是防身还是养

[①]周伟良.论非物质文化遗产保护中的传统武术［J］.北京体育大学学报，2008，31（7）：869.

[②]李吉远.文化生态嬗变下传统武术的历史走向［J］.西安体育学院学报，2011，28（3）：324.

[③]周伟良.中国武术史［M］.北京：高等教育出版社，2003.

95

生，传统武术依然是我国广大民众首选的运动方式之一，有着深厚的群众基础，这在民国时期的发展中便可以显现出来（上文已表述）。但是，随着竞技武术的出现，这一切发生了彻底地扭转。

竞技武术产生的目的很明确，就是要成为奥运会的正式比赛项目。在这一终极目标的指引下，在全国人民的期盼中，也在我国唯一有望进入奥运会的所有民族传统体育项目中，竞技武术的发展异常迅猛，比赛规则不断地得到完善，技术体系不断地朝着"高、难、美、新"的方向发展。尤其是竞技武术在1987年第六届全国运动会上被列为正式比赛项目以来，迅速成为全国及亚洲各大赛事的正式比赛项目。因此，在金牌利益的驱使下（由于金牌战略与负责体育各级官员的政绩相关联，所以，各省、市、自治区对竞技武术的支持力度逐年加大，相比之下，传统武术却备感冷落[①]），在举国体制的支持下（竞技武术易于评判，目前以长拳类拳械为主的竞技武术在"金牌导向"的竞赛环境下一花独放，极大地压缩了传统武术的生存空间[②]），全国负责武术工作的各级机构部门、各类武术馆校、各大武术组织等均把竞技武术的发展作为重要目标。尽管武术界和广大群众对竞技武术的态度褒贬不一，但丝毫阻挡不了竞技武术迈向奥运的步伐，一时间，竞技武术成为国家体育发展战略下的"宠儿"，习练竞技武术的人数逐年递增，竞技武术成为众多怀揣着武术梦想的武术爱好者们的理想选择，从国家武术运动队到省级武术运动队再到各市级和各校级武术运动队形成了一个自上而下的、以选拔和培养优秀竞技武术人才为主要目的的竞训组织管理体系，武术发展的天平严重倾向竞技武术一边，传统武术潜在的精英群体被抽空。

（三）拳种消失打破了拳种原来的文化生态系统平衡

在外来体育挤压和竞技武术冲击的双重作用下，传统武术失去了往

---

① 栗胜夫.论我国传统武术的传承与发展［J］.武汉体育学院学报，2007，41（4）：42-43.
② 虞定海，牛爱军.中国武术传承研究——非物质文化遗产视角［M］.北京：人民体育出版社，2009：42.

日的光辉,甚至一些在地方上稍有名气的武术拳师也显现出"门前冷落车马稀"的冷清光景。如笔者在梁山拜访的少林拳传承人段道坤、梅花拳传承人冯建设、迷踪拳传承人任有领等师父,如今都面临着这样的窘境。对此,已有98岁高龄的迷踪拳师父任有领动情地对笔者说:"过去,都是徒弟请我们教他们点东西。现在,我们请年轻人学都没人愿意学了(访谈对象:任有领,98岁)。"可见,"随着当前'文化生态'的剧烈变化,中国传统文化受到了日益加剧的冲击,传统武术的当代流失,甚至是不可再现,已经到了使我们极度恐慌的时期"[①]。

如20世纪80年代,天津市武术协会调查统计到天津市有少林拳、形意拳、八卦掌、八极拳等共计22个传统武术拳种在流传;到了2006年已缩减至15个,蛇形、燕青拳等7个拳种已失传[②]。又如闻名天下的少林拳,我们认真考究少林武术的历史与现状时发现,明代至清代,少林拳各项套路多达340种,而现在所保留下来的大致40种[③]。这些拳种的消失不仅是地域武术文化多样性的损失,更是整个人类文化的损失。因此,不仅是对于一个地域的武术文化生态系统,对于整个人类的文化生态系统而言,都将是一个不可挽回,甚至是不可估量的文化损失,而且伴随着这一损失极有可能会带来其他诸多方面的连锁反应。例如,1982年上映的《少林寺》在全国范围内掀起了一股"武术热",少林功夫借此给少林寺带来的文化价值是无法估量的。仅"根据门票统计,从1974年到1978年,少林寺总共的游客是20万人左右,1982年达到了70多万人,1984年达到260多万人,20世纪90年代以后,游客基本稳定在每年150万人左右。在武打影视和武侠小说的巨大影响下,少林寺以武扬名,少林功夫俨然已成为中华武术的名片。"[④]少林寺凭借少林功夫而名扬天下,不仅自己靠门票收入赚得盆满钵满,甚至还带动了当地旅游业、武术产

---

① 王岗,朱佳斌.传统武术保护与传承的实施路径[J].首都体育学院学报,2011,23(4):292.
② 津门功夫面临危机20年少了7个流派[N].每日新报,2006-04-07(13).
③ 栗胜夫.论我国传统武术的传承与发展[J].武汉体育学院学报,2007,41(4):41.
④ 张峰.非物质文化遗产视野下的传统武术保护方法[J].体育与科学,2008,29(5):57.

业等众多行业的发展，可谓是名利兼收，风光无两。

一些拳种的消失不仅会直接影响到地域拳种文化生态系统的平衡，而且还会影响其他拳种文化的创新性生产。一方面，从"遗传"与"变异"的视角来看，任何拳种都有继承、发展和创新的需要。如"杨露禅、武禹襄、全佑、孙禄堂、李瑞东、和兆元等太极拳名家在"拳与道合"的追寻过程中，在继承"原传拳法"的基础上进行了动态的技术调整，找到了具有自身特色的技术或理论体系，"成一家之言"而对社会有了新的贡献[①]。若是没有原传拳法，自然也不会在此基础上派生出如此之多的太极流派。可见，拳种的流逝不仅影响到该拳种的"遗传"，也会影响到该拳种未来"变异"成为新流派的可能，阻断了该拳种由继承到创新不断反复，无限发展的文化纵向生态链；另一方面，从"同化"与"异化"的视角分析，不同拳种之间也有相互学习和借鉴的成分。如笔者在梁山调研的迷踪拳与黄氏二郎拳之间，就存在这样的现象。迷踪拳又称"燕青拳"，相传是北宋末年梁山好汉燕青学于卢俊义，又将几种拳法的精髓糅入其中创立了燕青拳。而黄氏二郎拳源于二郎拳，和迷踪拳是两种完全不同的拳种。但是，在任庄村当地练习的迷踪拳里有一套对练，名为"母子锤"（图8），这一套对练同样也出现在了黄氏二郎拳里面（图9），而且两者展演风格相似，均要求无论严寒酷暑，必须要光着膀子演练，并以相互拳打、相互肩顶对方的胸部为演练的风格特点，但是在具体动作上二者略有差别。此外，还有一套对练，名曰"哨子棍战枪"，两家亦皆有，亦存在着"相似不相同"的现象。若是这一地域中缺少二者其一，也不会出现这一有趣的现象。可见，从生态学角度而言，若是破坏了地域拳种生态的多样性，其中一部分拳种消失了，不同民间习武共同体之间互相学习交流、互相借鉴创新，甚至是互相同台竞技、互相竞争、互相成就的机会亦会随之减少，长此以往势必会给民间习武

[①] 杨祥全.太极拳：表面兴盛下的生存危机［J］.搏击·体育论坛，2011，3（9）：2-3.

第四章 论民间习武共同体的文化生态危机

共同体的拳种文化生产和创新活力带来负面影响，从而使幸存的民间习武共同体亦不可避免地走向衰亡的命运。正所谓："皮之不存，毛将焉附？！"

图8　迷踪拳母子锤

图9　黄氏二郎拳母子锤

99

第二节　民间习武共同体"内生态"的时代危机

除了上述民间习武共同体的"外生态"面临着时代危机外，民间习武共同体"内生态"也同样面临着种种问题，以下加以分析。

一、物器技术层危机："复制"与"创新"功能的退化

在物器技术层层面上，民间习武共同体内部主要存在着"复制"与"创新"功能退化的问题。"复制"和"创新"在传承过程中体现在两个方面，一种是对自己拳种的"复制"（原封不动）和"创新"（形成新拳）；一种是对其他拳种的"复制"（借鉴学习）和"创新"（形成新拳）。

民间习武共同体内部成员对待拳种的传承，普遍采取的态度无非为"复制"和"创新"两个方面。第一，在拳种的"复制"方面，如唐维禄复制李存义的教学模式进行的形意拳教学，"唐传形意更多地保持着李存义的原味"[1]。但是这种"复制"只是相对的，因为在技艺传授过程中，师徒双方均不可避免地会对拳种产生一些新理解与新体悟，所谓"教学相长"。尤其是武术教学中一些"只可意会不可言传"的缄默知识的传授，这种"复制"倾向更加明显。因担心在习练上陷入误区和在理解上出现偏差，习武者往往会将师父所授内容完全"复制"下来，以为后悟，其后对之意义的理解或许与师父并不尽相同。第二，在拳种的"创新"方面，如"尚云祥传授武功，所教与唐维禄时有不同，在李仲轩奇怪时，尚云祥笑道：'我教的是我这一套'"[2]。传统武术的传授主

---

[1] 李仲轩. 逝去的武林——1934年的求武纪事[M]. 徐皓峰，整理. 北京：当代中国出版社，2006：36.

[2] 李仲轩. 逝去的武林——1934年的求武纪事[M]. 徐皓峰，整理. 北京：当代中国出版社，2006：73.

要是创新，但是创新亦是相对的，是建立在"复制"基础之上的。如胡适在《信心与反省》一文中所说："创造只是模仿到十足时的一点点新花样。"[①]康戈武也坦言："继承是发展的基础，创新是最好的继承。"[②]这里的"创新"便是指教与学过程中对"拳种的差异化生产"和通过亲身体悟对拳种产生的新理解与新体验，它是众多拳种在传承与发展过程中派生出新流派的重要"原动力"。

可以说，没有先人对拳种坚持不懈的创新追求，也就没有今日蔚为大观的拳种流派。创新产生了拳种流派，使民间习武共同体中的个体成员根据自身的理解体悟对拳种套路里的拳势、拳路和拳理进行升级化改造，从而使相对单一野蛮的技击动作经过不断地加工再生产，最终升级为内涵丰富且充满哲学智慧的武术文化，为武术技击技术的发展注入了新鲜血液。因此，"复制"（原生态）与"创新"（次生态）构成了民间习武共同体内部两种截然不同的传承观，这也是我们今日言及传统武术拳种保护时经常争论的焦点问题之一。

拳种的差异化生产是大到武术门派，小到拳种套路的立身之本，是拳种活的灵魂，也是我们进行传统武术保护时需要考虑的重要方面。可以说，没有拳种，也就不会有因习练拳种而聚集在一起的习武群体；而没有拳种的差异化生产，也就不会有众多拳种的门派林立。因此，当我们发明出"样板武术"并大力提倡时，当大街小巷的民众都以练习简化24式太极拳作为一项健身运动时，当全国包括武校、体校在内的各大中小学校都以竞技武术作为武术教学内容时，尽管看上去武术的发展呈现出一派勃勃生机的景象，但是，实际上这些举措在抢去了民间习武共同体传承需要依靠的群众基础和发展需要依靠的精英群体的同时，也严重破坏了民间习武共同体内部的差异化生产功能，致使诸多民间习武共同体因此而丧失了"复制"的动力与"创新"的活力，丢掉了立身之本，于是纷纷陷入拳种文化生产与自身生存发展的危机！

---

① 胡适.中国文化的反省[M].上海：华东师范大学出版社，2013：7.
② 康戈武.传统武术期待腾飞之日[J].中华武术，2002：46.

二、制度习俗层危机：缺少维系师徒传承的动力机制

在制度习俗层面上，民间习武共同体主要存在着师徒传承动力不足的问题。如同一切生命有机体都需要新陈代谢一样，民间习武共同体不仅在物器技术层需要新陈代谢，而且在门户师徒维系方面也需要不断地吸纳新成员的加入和有高质量的成员产出，以为门户发展注入新的能量和血液，维护门户人员流动的动态平衡，保持民间习武共同体内部的队伍活力。具体而言，一方面，体现在民间习武共同体内部的师徒传承链上，根据入室弟子中的"杰出徒弟"与"非杰出徒弟"之分，一边需要徒弟队伍中源源不断地涌现出一批批的"杰出徒弟"，一边还需要有源源不断地新徒弟加入到"非杰出徒弟"的队伍中来，以维系师徒传承链的正常运行；另一方面，体现在杰出徒弟收徒方面，师父教授徒弟学艺，徒弟成为"杰出徒弟"后将来也要转化为师父的角色，并将毕生所学技艺不断地传授给自己的弟子，以把师父的拳种技艺发扬光大。因此，维系师徒传承链的正常运转，目的就在于保证民间习武共同体的"社会继替"（费孝通语），唯此师徒相承不辍才是保证民间习武共同体绵延不绝的关键。可见，师徒传承链的维系对于民间习武共同体的延续是多么的重要。

除了维系好民间习武共同体的师徒传承链之外，还应当保护好师徒传习生态。师徒传习生态是指师徒之间在传统武术的技艺传承、文化生产、拳种创新等方面赖以依存的环境。根据《教学论》中教学构成要素分析，师徒传习生态的构成要素与现在的各类普通学校所开展的教学活动既有相同之处，又有不同之处。相同在于，前者除了在称谓上将"学生"称之为"徒弟（或徒儿）"，将"老师"称之为"师父"外，亦由"教学目的、教学内容（课程）、教学方法、教学环境、教学信息反馈"诸要素构成，这是师徒传习生态所要保护的重要内容[①]。不同在于，

[①] 李秉德. 教学论 [M]. 北京：人民教育出版社，2001：10-13.

第四章 论民间习武共同体的文化生态危机

师徒传承与一般的文化知识传授存在着质的差别，即便是和都以身体教育为对象的体育教学，甚至与从传统武术母体中分化出来的竞技武术教育相比，在各方面也存在着巨大差异。以传统武术和竞技武术比较为例，其差异表现为第一，师徒传承和学校教学的差别。传统武术的传授采用的是师徒传承制度，即民间自发的组织体系，它通过模拟血缘维持关系，对武术技术传授没有刻意追求统一与标准。而竞技武术和体育教学通常采用的是学校教育管理制度，其师生之间的关系和普通学校并无二致。第二，打练结合和打练分离的区别。打练结合是中国武术技艺的路径，传授方式多采用一对一，相当于精英式的教学，以拳种为传习载体，来感悟其蕴含的传统文化。而竞技武术属于学院教育体系，学院教育则是以政府为主导，依靠约定契约进行技术标准化和武术知识学习，通过套路和散打两种形式对中国武术进行套路艺术化和散打实战化的体认。学院教育采用一对多的教学模式，扩大了武术受众群体[①]。第三，体验差异化和动作标准化的区别。传统武术在师徒传承过程中，师父以"口传身授"的方式，采用"自编教材"教授"我这一套"东西的过程中，师父自身对拳种的"新体验"（不同于先师的理解——笔者注）与徒弟在这一过程中所"形成自己的东西"（不同于师父的理解——笔者注），尤其是师父"'逼着徒弟体会武术，形成感受'，以及师父就徒弟有所感受的拳架'往深里教'的教学原理和教学方式，结果是促进门户众多成员形成不同的感受和不同的技能，细化为'得到师父的东西、练就不同专长、形成自己的东西'3个层次的学习结果"[②]。这种师徒传承过程中产生的差异化体验是竞技武术教学讲求规范化、统一化、标准化永远无法体会到的"活态"内容，也是我们要保护民间习武共同体时需要考虑到的重要方面。

正因为师徒传承与一般体育教学模式相比，在很多方面存在着诸多

[①] 王岗，刘帅兵. 中国武术师徒传承与学院教育的差异性比较 [J]. 武汉体育学院学报，2013，47（4）：55.
[②] 戴国斌. 门户对传统武术拳种、流派的生产 [J]. 上海体育学院学报，2013，37（4）：77-82.

的差异性，或者说是互补性和优越性，才彰显出其不可替代性，才有了我们保护师徒传习生态的必要。正如周伟良所说："这种师徒传承从历史的深处走来，但并非属于'过去式'，需要的是在新的历史条件下对它进行理性的甄别取舍。"师徒传承是我们传统武术过去千百年来在其文化生产、传承和发展过程中积累下来的历史经验，"一切有历史跨度的、以经验认知为主导的文化事象，也必然交付这样的（师徒传承——笔者注）延绵。"①

然而，就笔者走访的所有民间习武共同体而言，不仅存在着"仪式感的缺失、师徒传承的局限性、传统文化自身的原因"三方面问题，而且更为重要的是普遍存在维系师徒传承动力机制的缺失，换句话说，能够吸引徒弟为传统武术"衣带渐宽终不悔，为伊消得人憔悴"的那种醉心习武的热情和动力严重不足，究其原因不仅体现在传统武术价值定位迷茫和师父个人魅力不足上，而且还体现在民间习武共同体这一群体出现的心理价值层的危机之中②。

记得在辽宁电视台《老梁说天下》节目中，梁宏达先生采访孙禄堂的女儿孙剑云，问她："你的功夫跟你爸爸比，以及你的徒弟跟你比，怎么样？"孙剑云没有正面回答，只是说："我小时候从记事起，我父亲孙禄堂基本上每天除了忙正常的事情以外，所有空闲都在练功，他一天至少练八个小时。到我呢？我是女同志，我得照顾家，我一天练四个小时。我徒弟是总经理，比较忙。一天两小时都练不上，你说练习两小时、四小时、八小时，谁强？"老梁说："咱们现代人一天忙于功名利禄，有多少时间能够沉浸到武学的境界当中呢？所以我想古人里面可能有人像达摩老祖面壁那样，天天练功，或者可能达到那种化劲的至高无上的境界，一羽不能加，一蝇不能落。"因此，当代的民间习武共同体不仅失去了赖以生存发展的社会文化环境，而且也失去了使徒弟沉迷传统武术的内在动力机制。

---

①周伟良.师徒论——传统武术的一个文化现象诠释［J］.北京体育大学学报，2004，27（5）：583.

②王文章.非物质文化遗产保护研究［M］.北京：文化艺术出版社，2009，7.

三、心理价值层危机：对未来发展方向定位的迷茫

在文化生态环境的巨大变迁下，民间习武共同体在心理价值层面呈现出迷茫的迹象，并通过物器技术层和制度习俗层显现出来。在物器技术层上，表现为对传统武术在当代功能价值定位的迷茫；在制度习俗层上，表现为对自我存在和发展价值定位的迷茫，二者有机统一于民间习武共同体的心理价值层中，深刻影响了传统武术的文化生产、师徒传承及未来发展等方面。

（一）对传统武术当代价值定位的迷茫

1. 对传统陋习的僵化固守

传统武术是一个不断发展的文化，是一个"活态"的文化。然而，民间习武共同体对传统武术的发展态度，却表现出一系列的迷茫迹象。表现为"第一，20世纪50年代，部分人士先将追求技击之道的传统武术本质属性混同于价值功能的技击格斗，继而再将其技击价值与健身价值对立起来，将武术的本质属性与价值功能相混淆；第二，自觉以西方体育文化为参照，使得传统武术无论是活动样式、价值体系及文化内涵，均发生了过滤和割裂。"[①]简单来讲，西方体育的涌入与竞技武术的产生，使得传统武术不知该继续沿着自身的历史脉络发展，还是应该向西方体育和竞技武术学习，走体育化和竞技化的道路。

据笔者在梁山一带的民间走访调查发现，民间习武者对传统武术的认知主要有三：第一，喜欢强调自己拳种的正宗性。几乎所有民间的习武者们都喜欢以前人（师父或门派中代表人物）的经验为蓝本而津津乐道，最明显的例子就是习武者们提及自己的功夫时，总会有意无意地加上："这是师父教的""师父也是这么打的""这是某师父传下来

[①]周伟良. 论非物质文化遗产保护中的传统武术［J］.北京体育大学学报，2008，31（7）：869.

的"等，即喜欢强调自己的拳种的"正宗性"，或刻意保持这种"原汁原味性"，以获得他人的认可，从而不可避免地成为传统武术的"复印机"，失去了自身作为传统武术文化主体的主观能动性。如王岗所言："传统武术技术的携带者，在学习和传授传统武术技术的过程中，为了捍卫自己的正宗技术和名门规矩，常常对现代体育所提供的提高技能的方法视而不见，总认为如果改变一种习练方法就会愧对先前，而不愿意接受更加便捷的提高技能的现代体育方法和手段。长此以往，当现代人的科学理性越来越丰满时，传统武术中的陈旧经验就必然失去生存的空间。"[1]第二，喜欢强调自己拳种的技击性。习武者大多喜欢标榜自己练的拳"有多厉害""技击性有多强"，如"我们少林派最有名，而且我们六合门更有名，别的门都不如我们，至于武当派，什么太极拳咧，形意捶，八卦掌，简直是抓切糕，摸鱼，不管用，拈手就倒"[2]"我家练少林是三辈世传，手法好，能打人，不能随便传人"[3]，民间的师父几乎皆是如此，多喜欢"褒己而贬他"，以彰显自己功夫的"过人之处"，具有"'我是他非'的门户话语偏执和'我优人劣'的门户价值判断"（戴国斌语）。这在兵戎相见以武求生的年代或许尚可有益，而在思想开放包容的现代，只会将自己局限于狭隘的门户空间里，从而与世隔绝，与时代隔绝，导致前人留下来的拳种及各种旧有经验很难适应当前时代的发展；第三，喜欢强调拳种的名人出处。即喜欢将自己所练的拳种附会于历史名人，以提高知名度和影响力。如梁山子午门拳附会梁山好汉行者武松，梁山迷踪拳附会梁山好汉燕青和卢俊义，梁山洪拳附会宋太祖赵匡胤等，且不论真假，至少这是一种利于自我拳种的宣传和易于获得社会认可的绝佳方式，是提高自己拳种知名度的最佳捷径。然而，也正因如此，致使很多习武者们不敢贸然地改变祖宗留下来的文化遗产，认为祖宗留下来的东西不能变，其中包括一些明知过时和对其发展不利的门规章法，造成很多习武者抱残守缺，对传统武术的认知出

---

[1]王岗.运动与文化之辩——论传统武术与现代武术[J].搏击·学术版，2005，2（5）：2.
[2]重远.如何能除祛国术家们的病[J].求是月刊，1935，1（1）：17.
[3]金警钟.实验之谈[J].求是月刊，1936（10）：333-334.

现误区，使得前人留下来的拳种很难适应当前时代的发展，出现传承与发展的危机，缺少对于传统武术在当代发展的明确定位，这是绝大多数民间习武者的通病。

因此，一些拳种流派之所以在当代出现传承与发展的危机，有时并不完全是传统武术文化自身的问题，而且也有武术文化持有者的思想态度问题，二者比较，后者问题是最主要的，是更加需要引起学界重视的。因为文化是无生命无意识的，而人是有生命有意识的，文化的活态性往往体现在它的持有者身上，如果文化的持有者思维僵化固守、一成不变，不能够及时地跟随时代的发展而对传统武术的训练方法、技术体系、师徒传承方式、功能价值开发等方面进行适应性改变与调节的话，那么这种文化必将难逃被时代淘汰的厄运。

2. 对传统武术功能价值定位的迷茫

传统武术是一种不断发展的"活态"文化，在当代究竟该如何发展，是摆在学界和民间习武共同体每位成员面前的严峻课题，这就涉及对传统武术价值功能定位的问题。

随着非遗保护的兴起和一些传统武术拳种的相继消失，当前的民间习武者对传统武术的价值定位出现了"真空"状态。由于"传统武术是以追求技击之道为本质属性，以此规定并制约着自身的存在与发展，并逻辑地延伸出了以技（技击）、身（强身）、性（道德）三者有机结合的基本价值体系，长期以来被习武者所恪守、遵循，由此熔铸了传统武术博大的文化载量，而当代对传统武术的文化迷惘也正是从这儿开始的"[①]。由于传统武术集技击、健身、养性、娱乐、教育、体育、文化等多种功能价值于一身。因此，在面对当前文化生态环境的巨大变迁和不同以往任何历史时期的一个全新时代时，是该突出其技击性，还是该发展其养生性？是该表现其娱乐性，还是该挖掘其体育性？是该彰显其文化性，还是该强调其教育性？在这一系列的自我诘问和被诘问中，传

[①] 周伟良.论非物质文化遗产保护中的传统武术[J].北京体育大学，2008，31（7）：869.

武术的发展陷入了迷茫，觉得自身什么都具备，但是和其他外来体育相比，又觉得自身哪方面都不突出。由于对时代缺少敏感而准确的把握，致使民间习武者对传统武术在当今时代发展定位的迷茫，甚至对传统武术在当代存在价值及意义产生怀疑。于是乎，传统武术被埋没于时代的浪潮中，很多拳种开始显现出衰亡迹象，再也不是历史上的"弄潮儿"。

纵观传统武术的发展史，传统武术功能价值定位问题贯穿于传统武术从无到有、从古至今的整个历史发展过程，并在特定的历史发展阶段中，呈现出其顺应时代的不同功能价值特点。也正是在这一不断地顺应时代变化的发展过程中，传统武术才不断地被赋予新的内容和时代特色，从而使得那些顺应了时代发展的传统武术拳种不至于中断和灭绝。也正是在这一不断地顺应时代变化的发展过程中，传统武术才会不断地改变、不断地适应、不断地发展；也正是在这一不断地顺应时代变化的发展过程中，传统武术的发展才实现了从自我肯定到自我否定再到否定之否定的哲学升华；也正是在这一不断地顺应时代变化的发展过程中，传统武术才能够彰显出其在满足不同历史时期不同需求的不同质变特征。如传统武术在先秦时期"练为战"的武舞特征，表现为一种简单而野蛮的"身体技术"；在两宋时期"练为看"的套子特征，表现为一种象形而程式化的"身体艺术"；在明清时期"练为修"的拳种特征，表现为一种复杂而文明的"身体文化"[1]。可以说，"社会需求才是评定武术价值体系的唯一科学标准。因为它不以人的意志为转移，具有最大的客观性、科学性。"[2]例如太极拳之所以在现代发展如此之火，其根本原因并不是得到国家政府的大力提倡。恰恰相反，而是因为太极拳独特的运动方式和运动功效满足了广大民众在当前快节奏、高压力的生活状态下对健康、休闲、舒适、柔缓等运动功能价值的需求，从而获得了官方和大众的一致认可，才呈现出今日的蓬勃景象。

---

[1] 武超，吕韶钧.由"武舞"至"拳种"：论历史进程中传统武术套路所呈现出的阶段性特征及其动因分析[J].天津体育学院学报，2016，31（1）：63-68.

[2] 温佐惠，陈振勇.21世纪中国传统武术"技击本质"价值定位问题再研究[J].成都体育学院学报，2002，28（6）：17.

因此，对传统武术当代价值功能的重新定位，使其既能够顺应时代发展满足社会大众和武术精英群体的需要，又能够体现出其功能价值的不可替代性，即唯一性，是拯救传统武术走出濒临传承危机的唯一出路。

（二）对自我存在价值定位的迷茫

杨澜对李连杰有过一次采访，当问起李连杰武术套路是不是花架子时，李连杰肯定地回答"当然"，并进一步解释说，"这是因为我们不再需要真的功夫了。所谓真的功夫是杀人最快的方法。在古代，人们学武和现在人们上大学是一样的，十年练一个绝招，为的就是凭借这一技能或给人看家护院、或当保镖等，以此养家糊口，求得生存，得到社会尊重与认可。如今是一个讲求法律和规则的社会，如果现在谁再花个十多年的工夫练就一个绝招出来，显然不太现实。即便练就出来，也无用武之地。"李连杰作为中国武术界和中国影视界双界里的一面旗帜，他的回答也深刻地反映出当前绝大多数民间习武者的心态。鉴于传统武术的历史功能定位，即大可保家卫国，小可防身自卫，习武者们多以传统武术的技击性示人，而现实社会给他们施展拳脚的机会少之又少。因此，他们既不能像竞技武术那样，能够参加除奥运会以外的各类大型比赛，为个人、为家族、为国家争得荣誉，又无法做到像西方体育那样，技术规则简单，达到男女老少喜爱的地步。因此，使他们对自身在当代的存在价值产生迷茫。即空有一身本领，却不知道能为国家、为社会干点什么，做点什么。

因此，民间习武共同体中的成员对自我在当代价值定位的缺失是导致他们习武信念动摇，以及师徒传承链条时常发生中断的根本原因。具体地表现为不知道习武为了什么，不知道习武的价值体现在何处，认为习武没有出路，甚至得出"练武无用论"的结论，从心理深处动摇了练武的信念。

诚然，当前是一个法制健全的社会，是一个相对安宁和谐的文明社会，在日常生活中再难遇到打打杀杀的场景。即便是遇到一些情况，一般通过非暴力的形式，如报警、走司法程序等途径也能够得以有效地解决。即便是遇到使用暴力的场合，可以使用各种先进暴力工具。而且，更重要的是，传统武术练就一门功夫的代价太高，周期太长。没有人会愿意为了可能会发生在自己身上的一个"小概率事件"而专门投入"十多年的时间和精力练就一个绝招出来"，这显然是不现实的，也是没必要的。借用栗胜夫教授的一段话，"（传统）武术失去了用武之地，削弱了生长空间与勇武者们的表现机会，功能与价值就自然会随之递减。加之长期稳定的和平年代，又有谁热衷为武术中拳脚动作的攻防技巧潜心研究、花费无用之功呢？原有的武术技巧在流失，新的技艺无生成，这就是传统武术内容有减无增，日渐衰弱的重要原因之一。"[1]

如今，是一个经济高度发展的时代，能给人以安全感的、能给人以社会尊重和社会地位的不再是高超的武功。现实的人们多在想着如何才能够过上美好幸福的生活，如何才能够实现自身的人生价值，包括民间习武共同体在内的人类社会从古至今都存在着这一思想，如同李连杰所说，以前学习武术，实际上和今日学习厨师、理发等行业是一样的，不过是把传统武术作为一项必备的生存技能而已。若是说有特殊性存在，那也是因为这项技能在古代动荡不安的社会中不仅可以用来养家糊口，还可以用来防身自卫和保家卫国，兼具多种实用性而已。如今，冷兵器时代早已成为历史，人类早已步入文明时代，传统武术似乎成为一种可有可无的存在，可以说，这是造成当代习武者对自我存在价值迷失的根源所在。

---

[1]栗胜夫.论我国传统武术的传承与发展[J].武汉体育学院学报，2007，41（4）：42.

第五章　论民间习武共同体的文化生态调节

从对民间习武共同体文化生态系统危机的分析中可以看出，大多数民间习武共同体之所以在当代出现传承与发展困境，主要是因为两大矛盾关系的存在：其一，外生态的不断发展变化与内生态发展相对滞后之间的矛盾；其二，人们文化价值观念的转变与民间习武共同体文化价值观念的固守（特指民间习武共同体对传统武术技击价值定位的固守）之间的矛盾。根据民间习武共同体内外生态面临着的主要危机和主要矛盾，需要对之进行适当地干预和调节，以实现民间习武共同体内外生态之间的平衡和民间习武共同体的可持续发展。

总体而言，调节的方式有三种：第一，调节民间习武共同体的内生态，以适应外生态的发展变化。第二，调节民间习武共同体的外生态，为内生态的可持续发展创造良好的外部环境。第三，双管齐下，内外生态的调节同步进行。既要调节民间习武共同体的外生态，为民间习武共同体的可持续发展创造良好的外部环境；又要调节民间习武共同体的内生态，以适应外生态的不断发展变化。即将"调节、改变外在的环境，即外在系统，以达到整个系统的新的平衡"和"调节、改变内在的环境，即改变和调节人类社会、行为、规范等内在系统，以获得整个系统的新的平衡"结合起来进行[1]。因为一个真正有效的保护应是"自我捍卫"和"外在保护"的有机结合，同时"自我捍卫"的群体或个人应

---

[1]张诗亚.祭坛与讲坛——西南民族宗教教育比较研究[M].昆明：云南教育出版社，1992：216.

具有较强的"公信力"[①]。因此,第三种方法要远比其他两种方法理想得多。

第一节 调节内生态：以适应外生态的发展变化趋势

内生态调节是对民间习武共同体内部出现的不适应当前时代发展的部分进行的调节。内生态的调节主要依靠民间习武共同体的力量完成。因为毕竟"真正熟悉和了解非物质文化遗产的应是其传承人、习练者,即圈内人士,而不是政府等行政机关,但政府在非物质文化遗产中的作用可谓举足轻重"。调节内容包括对物器技术层、制度习俗层、心理价值层的调节三个方面,调节的目的则是要使民间习武共同体的内生态顺应外生态的发展变化,使民间习武共同体在当代具有可持续发展的能力。

一、物器技术层调节

民间习武共同体对传统武术物器技术层的调节内容包括对传统武术的技艺、器械、练功器具、场馆、服装等方面的调节,调节的目的主要是解决物器技术层中"复制"与"创新"功能退化的问题,使其既能够满足时下社会大众对精神文化的需求,又能够满足少数传统武术精英群体对传统武术技艺永无止境的追求愿望[②]。通过对物器技术层存在问题的改进,以期吸引更多的人加入到民间习武共同体的群体之中,解决民间习武共同体当前面临着的大众群体和精英群体流失的问题。在物器技术层的调节中,最重要的是对传统武术技术体系的调节。如同王岗所言："假如我们面对技击功用在现代战争和搏杀中作用的减弱,不重新对武术的价值进行选择,可能我们的武术包括传统武术都有可能成为一种历

[①] 王林,虞定海. 传统武术非物质文化遗产传承的困境与对策 [J]. 上海体育学院学报, 2009, 33 (4): 86.

[②] 全国体育院校教材委员会. 武术理论基础 [M]. 北京：人民体育出版社, 1997: 28.

史的记忆。"①调节方式主要有二：一是走群众化路线；二是走精英化路线，这两条路线中包含着"复制"与"创新"的思想，应当使这两条发展道路互为补充，齐头并进。具体如下。

（一）满足社会人民群众的需要：走群众化路线

对物器技术层的调节首先是要满足社会人民群众的需要，如果忽视了广大民众的需求，民间习武共同体对物器技术层的改造将变得毫无意义，失去了群众基础的民间习武共同体也必将遭遇传承与发展的危机。"中国的各种非物质文化遗产，包括武术，只有融入现代社会生活进行创新才有出路。"②满足社会人民群众的需要是民间习武共同体对传统武术物器技术层改造的出发点和归宿，是实现传统武术融入现代社会生活的必由之路。

民间习武共同体应当根据当前社会人民群众的需求，在继承和保留传统武术文化底蕴和技术风格特色基础之上对包括传统武术技术体系、传统武术训练体系、传统武术训练器械、传统武术训练服装和传统武术训练场馆等在内的调节，对传统武术物器技术层进行亲民化改造，走群众化道路，向大众化方向发展，想方设法地吸引更多地人参与到传统武术的运动中来，让他们亲身体验到练习传统武术的乐趣和价值，充分领略到传统武术的文化魅力，并因此而喜欢上传统武术，使广大民众成为民间习武共同体发展的后备人才库。

"武术的产生和发展必是缘于人类的某种需要。'需要—创造'是我们讨论武术产生和发展的一个基本思想。"③可见，过去的传统武术因为人类的需要而产生，今日的传统武术也应当顺应人类的需要在继承的基础上进行再创造。毕竟"从农耕社会发展而来的传统武术本身是一

---

① 王岗. 运动与文化之辩——论传统武术与现代武术 [J]. 武术科学·搏击·学术版，2005（5）：2.
② 温力. 武术与武术文化 [M]. 北京：人民体育出版社，2009：151.
③ 温力. 中国武术概论 [M]. 北京：人民体育出版社，2005：234-498.

个瑜瑕互见的复杂文化体。其中既蕴藏着前人的智慧精华,也裹挟着不可避免的历史积尘,同时还更多地隐匿着需要通过一定的文化转换机制才能焕发出时代价值的文化传统。这必须在对它进行深刻理性把握基础上,进行扬弃和创造性转换"①。

环顾当前时代,以追求健康和快乐为目的的大众休闲体育日益成为社会大众的主流需求,作为回应,可以通过去掉传统武术技术体系中一些技术难度较大、对身体素质要求较高的内容,积极开发传统武术技术体系中蕴含着的健康娱乐功能,以满足当前社会大众对健康和快乐的主流需求,以此获得社会大众的普遍认可和积极参与。在这方面,太极拳的成功改造和少林拳的成功转型案例可以给其他拳种提供更多的经验和启示。如"陈式太极拳创拳之初,因对技击本质的追求,套路中含有较多以刚为主的动作,处处强调发力,以提高人体的发力与技击能力。陈式太极拳传到杨露禅时,杨露禅为了适应当时在京达官贵人的需要而逐渐改变了套路中刚猛的动作,把原有的动作简化、速度减慢,使整个套路更加轻柔缓慢,从而满足了达官贵人群体的需要,逐渐形成了今日大众普遍都能接受的和喜爱的技术体系以柔为主的杨式太极拳"②。也正是因为杨露禅对太极拳技术体系的调节和改变,才得以让太极拳得到普及,从"王谢堂前"进入"寻常百姓家",并使太极拳走出了国门,走向了世界,成为当今传统武术发展最好的拳种之一,深受世界各国人们的喜爱。再者,又如少林功夫成功走向"功夫经济"的发展模式也可以为其他拳种的发展提供参考。"少林功夫以少林武术元素为基石,通过商品、活动、讲座、表演等健康、愉快、有趣的形式,推广少林文化,对传统武术进行全新的创意组装,以满足当代人的精神文化需求,为少林武术、郑州经济、河南经济乃至中国武术的全球营销制造了一个"神话"③。

---

①周伟良. 文化安全视野下中华武术的继承与发展——试论当代武术的文化迷失与重构 [J]. 学术界, 2007 (1): 72.

②邱丕相, 王岗. 走进主流社会的中国太极拳文化 [J]. 北京体育大学学报, 2006, 29 (12): 1604.

③王林, 虞定海. 传统武术非物质文化遗产传承的困境与对策 [J]. 上海体育学院学报, 2009, 33 (4): 87.

这两大拳种为其他陷入发展困境的拳种进行物器技术层的改造提供了思路，为其他拳种的发展起到示范作用，成为传统武术当代营销成功的典范。

（二）满足传统武术精英的需要：走精英化路线

民间习武共同体对传统武术物器技术层的调节不能仅仅停留于满足社会大众需求的层次上，和做人一样，若过于追求取悦众人，必然会失去自身的个性，丢掉传统武术的真正魅力。传统武术的魅力源自于对"天人合一""内外兼修"等武道真理的追求上，源自于"舞对合毂""打练结合""功套用三位一体"的训练模式上，源自于各拳种风格迥异千姿百态的技术体系和风格特点上，源自于"博大精深，源远流长"的文化历史上，传统武术的技术体系中蕴含着丰富的"阴阳互变""刚柔相济""柔弱胜刚强"等中国古代朴素的辩证哲学思想，如此丰富的技击内容和文化内涵既是传统武术在当代的立身之本，又是传统武术在当代的魅力所在。

当传统武术仅剩下哗众取宠的本领时，势必会阻碍传统武术技理向精深方向发展。试问时下太极拳练习者如此之众，又出来几个像杨露禅、吴鉴泉、武禹襄、孙禄堂等大师级别的人物呢？所以在思考如何使传统武术满足社会大众精神文化需求的同时，更要思考如何保持传统武术自身的隽永魅力，思考如何在保留传统武术文化底蕴和继承传统武术技击文化特点的基础上对前人的东西有所发展和创造（当然，这需要建立在习武者对拳种的理解能力和体悟水平达到甚至超越前人的基础上），思考如何"取其精华，去其糟粕"，积极改进传统武术物器技术层中那部分落后于时代、落后于西方体育的内容，以"旧貌换新颜"的形式，使传统武术在新时代重新焕发出勃勃生机，彰显传统武术的当代价值与时代魅力。例如，思考如何才能提高传统武术的技击实战效果，如何将传统武术各套路中的技击技术运用到现代综合格斗项目的实战对抗中和现实生活的自卫防身中，通过与现代搏击项目和现代生活安全观念积极融合，挖掘、证明和彰显传统武术的技击价值；思考如何设计传统武术的训练服装，使其既具有中国传统文化元素和中华民族传统服饰特点，又能符合当前大众对新潮时尚的审美定义；思考如何以运动训练学、运动生理学、运动解剖学、运动医学等现代学科为支撑，不断提升传统武术训练的科学化水平；思考如何借助现代的高科技教育设备和利用各种先进的教学仪器使传统武术的技艺传授充满科技信息；思考如何改进传统武术的传统训练模式和训练方法手段，让枯燥乏味的训练过程变得生动有趣、丰富多彩等。如同世界功夫巨星李小龙对传统武术孜孜不倦地探索那样，使传统武术爱好者尤其是习武人群中精英分子能够对传统武术保持一贯热情，力争孕育出一大批在传统武术技艺上具有极高造诣的大师级人物和对传统武术的传承与发展具有重大贡献的里程碑式人物，这对传统武术当代传播的影响无疑是深远的，有利于形成传统武术发展的良性生态循环效应。这些大师级的人物或里程碑式的人物往往能够凭借自身的光环与魅力吸引到更多的人喜欢上传统武术，并加入到民间习武共同体的队伍之中，然后再经过大师级师父的精心指导，培育成为杰出徒弟，最后这些杰出徒弟再通过师父身份的转化，凭借其师父身上的光环和对拳种历史上出现的大师级人物的宣传又可以吸引更多的人加入到其门下，成为其弟子，以便建立起自己的民间习武共同体队伍……如此循环往复，生生不息。

二、制度习俗层调节

民间习武共同体对制度习俗层的调节内容包括对传统武术的组织方式、承传方式、教授方式、武德礼仪、门规戒律、竞技比赛方式等方面的内容[①]。在制度习俗层的调节方面，主要是对师徒传承模式的调节，调节目的是解决传统武术师徒传承动力不足的问题，使其顺应当前社会的发展，为物器技术层中提出的走群众化路线和精英化路线提供制度上的保障。

---

① 全国体育院校教材委员会. 武术理论基础 [M]. 北京：人民体育出版社，1997：28.

（一）善于利用名人效应

名人效应对拳种的传承与发展至关重要。一般情况下，凡是武术界有名的武术家门下都不乏慕名前来拜师学艺者，从古至今皆是如此。如现在的太极拳名家陈正雷、八极拳名家吴连枝、形意拳名家宋光华等，他们的弟子不仅遍及国内，而且远播海外，可谓是"桃李满天下"。而且，诸多弟子在武术及其他领域都颇有建树。如太极拳大师陈正雷门下，在国内比较有名的弟子有王二平、丁杰、王海军、张东武等，国外弟子较有名的有韩国的李东初、美国的杰夫、英国的岳黎明、意大利的卡罗等。由于师出名门，又自身优秀，因此他们也就基本不会面临传统武术无法传承的问题。

然而，当前诸多拳中面临的现实问题是门派中鲜有像陈正雷、陈小旺、吴连枝等那般技艺精、名气大、影响广的武术家，但是这并非就代表着这些拳种在当代没有武艺精湛之人，更不代表着这些拳种比时下发展好的那些拳种（如太极拳、少林拳、咏春拳、形意拳等）差。如在梁山地区发展较弱的螳螂拳，虽然在梁山一带练习的人数不多，但是在山东省莱阳市一带却广为流传，而且现代的螳螂拳名家亦不乏其人，如李坤山、崔寿山、王宝山等人都是螳螂拳的杰出代表人物，被武术界誉为莱阳"三山"。螳螂拳也被评为山东四大名拳之一，是首批被国家体育总局武术管理中心列入系统研究整理的传统武术九大流派之一，也是第二批国家级非物质文化遗产之一。

俗话说，"文无第一，武无第二"，因此，一个拳种在一个地域甚至一个时期内发展的好与坏，并不能完全用以衡量拳种本身的优劣。如同自然界除了受"优胜劣汰，适者生存"自然生存法则影响外，人类的扼杀、环境的污染、生存空间的日益萎缩等人为因素造成灭绝的物种比比皆是，这些濒危物种并非是劣等物种或被时代淘汰的物种。因此，对这些拳种而言，缺少的是机会，缺少的是对该拳种（门派）的大力宣传和推广，缺少的是像太极拳大家陈正雷、八卦掌大家吴连枝等那样名气大到能够带动拳种发展的"领头羊"。尽管一些拳种（门派）在当代出现了传承与发展的危机，但是，只要没有完全失传，在当代依旧可以找到这些拳种相对优秀的人物代表。我们何不将这样的人包装后推广出去，成为带动该拳种（门派）传承与发展的"领头羊"呢？

经笔者在民间走访调查发现，实际上，在我国广大民间，即便是面临着传承困难的一些拳种（门派），当中亦不乏武艺高超、德高望重之人，只不过是因为他们大多生活在相对封闭偏僻的农村，平日出头露面的机会较少。而且，所谓"高手在民间"，大多民间高手为人处世较为低调内敛，使得他们很容易在这样一个外在文明祥和、内在竞争激烈的现代社会中被埋没。因此，这就需要这些拳种的民间习武者们团结起来，将他们当中的一些武艺精湛、德高望重者借助现代各种媒介宣传推广出去，提高他们的社会知名度与关注度，吸引大众眼球，以获得世人对其人其拳的了解，为这些拳种在当代的传承与发展争取更多的良机。

（二）提高拳种社会知名度

拳种的社会知名度和拳种的名人效应如同硬币的一体两面，往往是紧密相连不可分开的。通常，某一拳种（门派）出现了武术大家，该拳种（门派）的社会知名度也会随之提升。某一拳种（门派）的社会知名度很高，自然该拳种（门派）亦不乏其名人大家。

一些拳种正是因为涌现出一个甚或多个家喻户晓的武术名人之后，才得到世人关注。例如咏春拳就是一个例子。咏春拳一开始只在福建、广东等南方一带盛行，因为李小龙的名人效应，咏春拳才得以迅速地在世界范围内发扬光大，为世人皆知。如今，李小龙已去世四十多年，但李小龙在世界武坛的地位仍无人能及。再加上前几年《叶问》电影的热播效应，李小龙的师父叶问也一举成名，成为家喻户晓的武术大师和咏春拳中的杰出代表。其实，除了李小龙和他的师父叶问之外，咏春拳历来并不乏名人，如和李小龙师父叶问并称为佛山"咏春三雄"的阮奇山和姚才、叶问的师父陈华顺、叶问的师兄弟陈汝棉、吴仲素等人，都是南方名噪一时、影响甚广的咏春好手。然而，咏春拳如今之所以能够成为风靡海内外的名拳，据国家级非物质文化遗产咏春拳第八代"指"字辈传承人郑祖杰讲:"现今咏春拳是中国武术在海外最大的武术单项之一,遍布五大洲七十个国家,将近一千万人在练习。"叶问师父能够成为家喻户晓的名人,无疑还是得益于李小龙的名人效应。

再者,社会知名度高的拳种一般都不乏名人。有的拳种(门派)本身社会知名度就很高,因此也就不会存在传承与发展困难的问题。例如少林武术就是一个很好的例子。少林武术在中国武术领域具有举足轻重的地位,我国武术界自古就流传着"天下武功出少林"的说法。少林功夫以少林寺为依托,凭借着少林寺在中国佛教的独特地位和"十三棍僧助唐王"等有名的历史故事,使少林功夫名扬天下,并在武术界中享有盛誉,每年为少林功夫,从世界各地慕名而来的拜师学艺者络绎不绝。因此,少林寺从古至今不乏功夫高僧,但是真正能让大家叫出名字的少林功夫大师却很少,原因即在于此。这是拳种(门派)的社会知名度远高于拳种名人效应的典型事例。

另外,将某拳种(门派)的创始人附会于某位历史高人,借此提高自家拳种(门派)的社会知名度和社会认可度的行为也属于此类。像笔者在梁山所走访调查的拳种中,将迷踪拳附会于梁山好汉浪子燕青,将子午门功夫和脱铐拳附会于梁山好汉行者武松,将洪拳附会于宋太祖赵匡胤等,实则都是借用拳种(门派)创始人的名人光环以推销自己拳种的一种方式。

但是现代的人们终究是活在现实中的,附会终究是附会,历史很难去考证,即便是果真如此,亦很难唤起大家的习武热情,因为毕竟历史是过去的,是离自己很遥远的事情,到底还是不如陈正雷、吴连枝、陈小旺等这些活在我们身边的武术名家本身就是"拳种名片"来得更实在些。所以,从这个角度而言,附会在当代所起到的宣传推广作用是极其有限的。

当然,其他拳种鲜有少林寺那样辉煌显赫的历史,民间习武共同体欲提高其拳种(门派)的知名度可以从以下几个方面着手。第一,从物器技术层着手,即在上面所提的走群众化与精英化两条路线的基础上,多多突出并对外展示自身拳种的技术特点、运动特点、健身功效、技击能力、历史文化等,让人们充分认识到这一拳种的不可替代性及其独特的文化价值意义；第二，从名人效应着手，推荐几位该拳种的杰出代表人物，最好是古代和现代的兼而有之。古代的杰出代表彰显其拳种（门派）的历史名望，现代的杰出代表展示其拳种（门派）的当代风采，二者互为补充，尊奉他们为其拳种（门派）的"名师大家"，并对他们进行全方位的包装，将他们的人生经历或编撰成书或拍摄成影视剧，充分利用现代的各种媒介，努力将他们宣传推广出去；第三，多参加各种社会活动，不放过任何展示自身拳种（门派）的机会，以增加自身拳种（门派）在当代的曝光率。只有做到以上三点，才有机会将自己的拳种发扬光大，摆脱传承发展之困境。

（三）完善师徒传承模式

师徒传承是我国诸工百艺的主要传承方式，由于其形成、发展和成熟于农耕文明时期，因而存在着鲜明的农耕文明印记和极强的历史局限性，突出表现为带有强烈的家族宗法制度色彩。这一传统的师徒传承方式虽然促进了传统武术的纵向传承，却也限制了传统武术的横向传播，因此遭到学界褒贬不一的评论。然而，不可置否的是，虽然现代各种教学组织形式空前丰富，但在以经验传递为主的文化艺术领域，传统师徒传承方式的效用似乎仍是其他教学组织形式所无法替代的。

学界对于传统武术师徒传承模式的研究颇多。总之，从辩证思维视角，最为理性的评价是既承认师徒传承模式有利的一面，又承认师徒传承模式有弊的一面。

师徒传承方式的优越性体主要体现为第一，在内部成员关系上，近似于血缘亲情和辈分排序，形成清晰的师徒伦理关系，这种师徒伦理关系及其师徒传承过程中形成的"家族式"管理经营模式，明确了民间习武共同体内部每位成员各自所扮演的角色及所承担的责任和义务，有利于共同体成员的团结，不容易产生内部矛盾和分裂，可以在拳种文化认同的基础上给予他们身份认同感和心理归属感，有利于增强民间习武共同体的内部凝聚力。第二，在拳种技术发展上，相对封闭的社会组织结构，有利于拳种（门派）技理风格特点的形成、坚守与传承，保证了各拳种（门派）的技术风格特点及拳种的正宗性与纯粹性，从而使各拳种（门派）技理向着精深方向发展。"'亲师合一'的师徒传承使得中国传统武术中的各种技艺都被推向了精深圆熟、登峰造极的高度。"第三，在拳种历史传承上，由于宗法制度的亲缘性，不仅使成员之间建立起类似家人般的伦理关系，同时也在这一关系基础上，自觉形成将拳种视为"家庭共有财产"的意识，在这种"家庭共有财产"意识驱使下，民间习武共同体成员会自觉产生起将"本家族共有财产"代代相传下去的责任和义务，这对于传统武术的历史传承和保证传统武术的历史延绵是有一定益处的[1]。这是师徒传承模式的优越之处。

师徒传承的弊端和缺陷主要体现在由宗法制度所带来的排他性、封闭性、保守性等封建思想，表现为狭隘的门派观念、保守的传承思想、僵化的训练思维、身心的关系束缚等，这些都是阻碍拳种进行大规模推广、适应性发展和新领域探索的消极因素，是师徒传承模式需要不断完善和改进的地方。

而且，近几年在经济社会的大背景下，师徒传承较农耕文明时期发生了巨大变化，一些有名的拳师，择徒标准不再是"唯德是用"，而是"唯财是用"，只要徒弟有钱或有身份或有地位或有背景，只要有利可图，便会收之为徒，甚而出现了"拜师不学武"的现象，这些拳师把择徒拜师当成赚钱敛财的工具或扩大自身人脉或势力的方式手段，收入门下以求"互相照应"，如此不负责任的传承态度不仅严重损害传统武术的社会形象，而且势必会给整个传统武术的传承与发展带来灭顶之灾！

基于以上分析，对于民间习武共同体模拟血缘的人际网络关系和传统师徒传承方式应当辩证看待，既不能全盘否定，亦不能僵化固守，应当根据当前时代的需要对其进行革新，将弊转化为利，使民间习武共同体内部形态更适合当前发展的需要，构建新型的师徒传习模式：第一，加强不同门户之间的交流，尝试体验不同门派的拳种。俗话说"文无第一、武无第二"，每家拳种均各有所长亦各有所短。之所以会产生

---

[1] 王林，赵彩红，黄继珍.传统武术传承的社会人类学解析[J].武汉体育学院学报，2010，44（12）：22.

门派之争、门户之见，一方面在于缺少门户之间的平等和谐的交流与互动，另一方面更是缺少对其他门派拳种习练的心得体会，导致观念上产生主观偏见，出现"褒己贬彼""言己所长，指人所短"的行径。避免这种现象的有效途径是本着"互相尊重、平等相待"原则，定期开展有利于加强各个"民间习武共同体"之间交流与互动的活动。必要时，不是采取对抗格斗的方式"以武会友"，而是采取互相练习彼此拳种的方式"以武会友"，即互相练习对方的拳种，在体验对方拳种技理奥妙中获得对对方拳种（门派）的深刻认知和身心认同，从而消除门派之争门户之见。第二，消除"男女内外"之别的思想，平等对待每位虔诚习武者。"男女平等"的口号曾经喊了数千年，早在中华人民共和国成立之初就消失在了历史尘埃中，甚至于2012年11月在中国共产党第十八次全国代表大会中首次将"男女平等"作为基本国策写入报告中。因此，"男女有别"的思想应当在传统武术传承中彻底根除，否则将会极大地限制传统武术的传承与发展。既然外人都可以通过拜师成为"自己人"，得到真传，为何自己的亲生女儿却不能传呢？另外，前来拜师学艺者一般多是凭着对师父德艺的认可慕名而来，因此，理应拆除门内门外有别的"门槛"，应当一视同仁以诚相待。第三，善于利用现代的高科技手段，改进传统武术的训练体系。传统武术因为过度重视传承，且大部分拳师和拳种分布于经济发展相对落后的民间，加上大多拳师思想相对守旧，缺乏科学先进的训练理念，因而造成传统武术在训练方法和手段上相对落后，不敢大胆创新，不能够与时俱进，这对传统武术的传承和发展而言也是极为不利的。因此，应当开阔他们的眼界，加强他们对科学先进的和训练有关的专业理论知识的学习，在传统武术的训练实践中不断地探索和学习，在"取其精华，弃其糟粕"基础上，通过借助现代高科技手段和改进落后的传统练习方式以达到提升训练效率和提高训练效果的目的，不断地丰富传统武术的训练体系，使传统武术的训练不再枯燥乏味，而是充满乐趣，以此促进传统武术的传承与发展。第四，徒弟拜师而不必受制于师，徒弟学拳而不必拘泥于拳。当前是一个极度开放和包容的时代，传统武术人的思想不能沉溺于过去的条条框框，应当拥有开放和包容的自信胸怀，鼓励其门下的徒弟在努力练习本门拳种的同时，也应当"走出去见见世面"，多去接触一些其他门派的拳种，多去跟其他门派的武者交流习武心得，做到"采他山之玉，纳百家之长"，通过这样一种方式，可以让他们对本门派拳种有一个更加清晰、更加全面、更加理性、更加客观的认识，从不同拳种（门派）的对比中认清本门拳种的独特之处和不足之处，这样做不仅会更有利于其门派拳种的创新发展，而且也有利于增进不同门派之间的了解，促进不同门派之间关系的和谐。第五，师父要树立"拳兴我荣，拳亡我耻"的荣辱观，防止陷入财权交易的陷阱。避免当下一些拳师以拜师收徒为幌子作为敛财聚势的方法就是要让他们在思想上始终保持高度警惕，树立"拳兴我荣，拳亡我耻"的荣辱观，对待前来拜师者，除询问其拜师习武动机外，还应当在日常生活和训练相处中注意观察其言行，对动机不纯者果断予以回绝，而无关于其贫富、身份、地位和背景，养浩然正气，树家国情怀，秉持高风亮节的作风，树立自身的良好形象，还武术界一方净土，以此赢得世人的敬仰与尊重，实现传统武术的发展与繁荣。

三、心理价值层调节

心理价值层的调节内容主要是民间习武共同体所表现出来的一系列负面心理因素。调节的目的是解决民间习武共同体对传统武术发展定位和对自身定位迷茫的问题，为上述物器技术层和制度习俗层的顺利调节提供精神保障，使民间习武共同体的思想观念跟上当前人类社会文化价值观念变化的步伐，满足社会大众的精神文化需求。调节方式具体包括以下两个方面。

（一）对传统武术价值的重新定位："一体多翼"模式下的适应性改造

在对传统武术当代价值定位方面，在上述物器技术层部分已经阐述了。在时代文明变迁、冷兵器时代终结、人们思想观念转变及追求和谐的现代社会环境中，传统武术的杀人技能被严重束缚，传统武术的技击属性被严重削弱，生存空间日益萎缩，这与民间习武者以标榜传统武术技击搏杀为荣和对祖传东西的照搬复制形成了强烈的时代反差，成为当前民间习武共同体集体陷入迷茫的症结所在。

殊不知，传统武术的技击本质与传统武术的多功能价值是传统武术"一体多翼"的体现。其中，技击本质为"体"，多元化功能价值为"翼"，它们之间是"主干"与"旁支"的关系。也正是因为传统武术集技击性与多功能价值于一身，使得传统武术具有极强的可塑性和生命张力，才能够在当代拥有更加多元的发展空间和极其明阔的发展前景，也为传统武术满足不同时代、不同社会、不同人群的不同功能价值需求提供了无限可能。因此，无论是重视传统武术的表演功能，还是重视传统武术的观娱功能；无论是重视传统武术的教育功能，还是重视传统武术的体育功能；无论是重视传统武术的养生功能，还是重视传统武术的防卫功能，因为"一体多翼"的关系存在，攻防技击的本质属性始终是一以贯之的，这是传统武术进行其他功能价值改造的标尺，如同现在高端汽车驾驶功能中的"车道保持辅助系统"一样，无论传统武术如何多元化发展始终不会偏离技击的道路，这为传统武术迎合当代人们的精神价值需求而进行各种功能多元化改造揳下了坚实的"锚定桩"。因此，在当代人们普遍以健康、健身、娱乐、休闲等需求为主要功能价值追求中，民间习武共同体需要具有"见风使舵"的能力，加快传统武术向健身、养生、娱乐、时尚等方面功能价值的改造和转型，以实现传统武术的发展与繁荣，这是为提升传统武术的生命力而作出的重要选择。正如陈建宪教授所说："我们不可能阻止现代生活的改变，也很难大规模保留非物质文化遗产的原生语境。绝大多数非遗，除非融入现代社会生活，否则必然消亡。"因此，唯有"文化创新才是保护非遗的根本出路。"[①]

[①]雷宇，刘中兴.非遗保护二十年忧思［N］.中国青年报，2008-10-14（9）.

（二）对自我存在价值的重新定位：社会大众主流需求的适应性改造

造成民间习武共同体对自我存在价值产生迷茫的原因主要有两个方面：一方面表现为客观原因，由于时代文明的变迁、冷兵器时代的终结、人们精神追求的转变及追求经济发展和社会和谐的现代化社会环境等因素使传统武术失去了文化生存的土壤，致使民间习武者对传统武术的当前存在价值缺乏理性思考和清晰定位。另一方面表现为主观原因，民间习武者因缺乏对未来社会发展趋势的预判和时下大众精神文化需求的了解，以及对传统武术新时代发展的准确定位，从而使他们对自我存在价值定位产生迷茫。当以搏杀技击为立身之本的传统武术失去了赖以生存的文化土壤时，当当前社会大众的精神文化需求发生转变时，民间习武者若不能及时地进行反思和改进，便会在思想和行动上落后于时代，由此产生对自我存在价值认同的问题和对自我存在社会价值的否定。

根据马斯洛需求层次理论，当人类最基本的生理需要与安全需要得以满足时，人类就开始向着社会需要、尊重需要及自我超越需要方向去追求。"需求"显然是主观的，与时间和文化联系密切；如果人们感觉需求是真实的，那么它们就是真实的[1]。毫无疑问，人类社会的主流需求往往具有导向性，因为人们总是受到自己主观需求的影响，同时也会受到社会大众主流需求的影响，从而作出相应的决策与行动。然而，如今生理需求与安全需求也早已不再是人们的主流需求，若传统武术还是一如既往地坚持满足于人们对生理方面（即通过传统武术获得生活物质保障的满足）和安全方面（即通过传统武术获得人身安全保障的满足）的需求，必然会遭到人们的冷遇，因此这就需要传统武术满足人们更高层次的需求，特别是满足当前人类社会对精神文化的主流需求。

---

[1] 史蒂文·瓦格（Steven Vago）.社会变迁[M].王晓黎，等，译.第5版.北京：北京大学出版社，2007：187.

论民间习武共同体的文化生态保护

　　1952年6月10日中华全国体育总会成立时，毛泽东同志题词"发展体育运动，增强人民体质"，表明对提高全国人民体质健康水平的重视。1978年国际初级卫生保健大会在苏联哈萨克共和国首府阿拉木图市召开，会议通过了阿拉木图宣言，并提出了"到2000年人人健康"的全球性战略目标，并对"健康"概念进行了定义。1996年美国总统克林顿指出"健康是21世纪的通行证"。国务院于1995年最早颁布《全民健身计划纲要》，提出实施"全民健身计划"的设想。针对青少年群体，我们国家教育部在2021年提出了"坚持健康第一的教育理念"。2016年8月19日习近平总书记在全国卫生与健康大会中指出："要倡导健康文明的生活方式，树立大卫生、大健康的观念，把以治病为中心转变为以人民健康为中心，建立健全健康教育体系，提升全民健康素养，推动全民健身和全民健康深度融合。"因此可见，健康已经成为国家和社会的普遍关注，而通过体育运动增进人民体质健康也因此成为国家提升人民体质健康水平的重要战略举措，人类在实现自我人生价值的征途中对健康的追求成为时代的主题。而一味地强调与追求搏杀技击为主的传统武术在人类的这一主流需求中沦为可有可无的存在。然而，幸庆的是，"如果有可以和传统模式相融合或联合的新形式，那么它就比没有任何联系的时候更有可能被接受。例如，马匹很容易地就融入了阿帕契人（Apaches）的狩猎文化，因为它能够帮助他们改进狩猎技巧[1]"。因此，努力寻求人类社会对健康的追求与传统武术多元化功能价值的契合点成为拯救传统武术传承与发展困境的唯一出路。在"一体多翼"模式下，"以健康、娱乐为价值追求的武术发展模式则是现阶段顺应社会和国际体育环境下的又一大发展趋势和走向"[2]。民间习武共同体应当加强对传统武术在健康和娱乐两大领域功能价值的开发，满足社会大众对身体健康和精神娱乐的需求，这是民间习武共同体实现当前社会需要、尊重需要及自我发展需要的重要途径。

---

[1] 史蒂文·瓦格（Steven Vago）. 社会变迁［M］. 王晓黎，等，译. 第5版. 北京：北京大学出版社，2007：185.
[2] 温佐惠，陈振勇. 21世纪中国传统武术"技击本质"价值定位问题再研究［J］. 成都体育学院学报，2002，28（6）：19.

第二节　调节外生态：以创造有利于发展的外部环境

"外生态"的调节指的是对民间习武共同体生存环境的调节。"外生态"的调节包括大环境调节和小环境调节两个方面，其中，大环境调节包括对自然环境、社会环境、文化环境的调节三个方面；小环境调节包括不同传统武术拳种间的调节、民间习武共同体与"功能生态位"相同的其他体育文化物种群体间的调节。"外生态"调节的目的是创造一个有利于民间习武共同体可持续发展的外部环境，实现民间习武共同的永续发展。由于"外生态"涵盖内容十分宽泛，因此，在调节时不仅需要借助各级政府的力量，也需要社会各方力量的积极配合与协作，方可达到调节之目的。

一、大环境调节

（一）自然环境：保护好物种丰富的自然生态环境

自然环境的破坏不仅会影响到人类的生存与健康，而且会影响到传统武术的文化生产。"人类的文化像树上的果实一样，是依照气候和地理条件而产生的。所以，自然地理环境对于文化之起源和进化，应视之为占有主要的地位"[1]。可见，自然环境对传统武术文化生产的影响是显而易见的。一方面，表现在自然环境中非生物因素对传统武术的地域差异化生产方面。如地理位置、山川河流、气候等因素对传统武术的影响，使传统武术呈现出鲜明的地域性特点。可以说，不同拳种（门派）的不同技术内容体系和不同技术风格特点的形成依赖于其所处的自然地理环境。其中，"南拳北腿、东枪西棍""南武当、北少林"是对传统

---

[1]爱尔乌德.文化进化论[M].上海：上海文化出版社影印本，1989：88.

武术地域差异化最为简要的概括。另一方面，表现在自然环境中生物因素对传统武术的拳种仿生性生产方面。传统武术中各种象形拳（如猴拳、螳螂拳、形意拳等）的生产即源于此。模仿是人的天性，由于每个地方的生物物种不尽相同，因此，每个地域在师承动物的对象上亦有所差别。如清朝康熙年间福建省福宁州人方七娘"见白鹤振翼有力、走跳轻盈，创编成白鹤拳"，明末清初山东即墨人王郎"见螳螂捕蝉之巧，融入攻防法创编成螳螂拳"，张三丰观雀蛇相争后，根据蛇的运动意向进行了武术的文化生产，生产了以柔克刚的太极拳等[1]。一般情况下，武术对某一动物的系统仿生是全面的，既有形之仿，也有神之效[2]。仿生拳生产者们大多是通过观察生活在自己身边那些最熟悉的生物进行的模仿，从而创造了惟妙惟肖的象形类拳种。

可见，我们所生存的这个五彩斑斓的自然界，无论是有机物，还是无机物都是传统武术文化生产取之不尽、用之不竭的资源宝库，这些都是人类对自然生态环境保护的重要内容。如前面所述，根据自然环境各构成要素在民间习武共同体中发挥的不同作用可划分为两个部分：第一，提供民间习武共同体生存生活所需要的各种自然物质资料部分。自然环境是人类赖以生存的物质基础，人类无法生存的地方，自然也不会有文化的产生。"环境制约着甚至决定着人类的生存、进化和发展，其中，恶化的环境也威胁着和危害着人类的生存、进化和发展。"[3]第二，提供民间习武共同体进行传统武术文化生产所需要的各种自然物质资料部分。这与前者涵盖内容完全相同。之所以分开，是因为二者虽然要素相同，但是在民间习武共同体中发挥的作用却有着本质差异。以自然地理环境中的河流湖泊为例，前者的河流湖泊满足的是人类维系自身生存对水源的需求，而后者河流湖泊发挥的功能是对传统武术技术生产的影响，由于河流湖泊的存在，人类因势而创造了适合在船上或水里练习的传统武术拳种。如我国长江下游吴越地区所生产的船拳。又如自然界中

---

[1] 中国武术系列规定套路编写组. 螳螂拳 [M]. 北京：人民体育出版社，1999：1.
[2] 戴国斌. 师承动物的武术 [J]. 生命世界，2009：23.
[3] 王树恩, 陶玉柳. 试论人类与环境关系的演变 [J]. 自然辩证法研究，2005, 21 (2)：105.

的生物——蛇，与前者而言，它只是维系当地自然生态平衡不可或缺的一种生物，与后者而言，它又是传统武术象形拳蛇拳生产不可或缺的仿生对象。因此，同一种事物，前者事关人类的生产生活，后者事关传统武术的文化生产，是同一种事物的两个方面，二者有机统一于民间习武共同体的自然环境保护之中。也可以说，保护自然生态环境与保护传统武术文化生产的环境是有机统一的，这就需要我们共同努力，保护好我们人类赖以生存的及各种文化赖以生产的自然生态环境。

(二) 社会环境：改善民间习武共同体的社会环境

从历史发展的视角来看，民间习武共同体生成、发展和成熟于农耕文明时期，从"男耕女织"这一典型自给自足的农耕文明时代到以"大机器生产"为特点的工业化时代再到"信息产生价值"的信息化时代，民间习武共同体所生活的社会环境在这短短的一百余年时间里接连经历了两次历史性巨变，其赖以生存的社会环境早已不复存在。历史不会倒退，故事不会重演，我们不会为了振兴传统武术而放弃现在的发展道路，倒退回农耕文明时代，甚至是冷兵器时代，因此对于目前的社会环境，民间习武共同体及其拳种能做的只有适应，所谓适者生存，唯有紧紧跟随时代的变化，对待所处的社会环境做到积极主动地适应，对待传统武术的技击发展做到积极主动地革新，唯此传统武术才能永葆生机活力，实现永续发展；而社会能做的只有在不影响其发展的基础上根据民间习武共同体的发展需求及其面临的实际困难进行有的放矢地调整，为民间习武共同体的可持续发展创造一个良好的外部环境。因此，无论是民间习武共同体适应社会环境，还是社会环境为民间习武共同体进行适当调整，都只有在不影响彼此核心发展利益的基础上进行，满足彼此合理需求，及时回应彼此关切，从而实现共同发展。

从当前的社会环境分析，我国目前正处于经济发展高速期，由此所带来的各种社会环境变化是剧烈而深刻的。对于民间习武共同体而言，这些变化中既有积极的因素，又有消极的因素，是一个挑战与机遇并存，希望与危机同在的时代。如前面所提到的经济全球化、城乡一体化、农业现代化、农村空心化、教育普及化、老龄化、少子化等各种因素相互交织，共同作用于当前的民间习武共同体及其拳种的传承与发展，不仅彻底改变了民间习武共同体生活的社会环境，而且深刻地改变了民间习武共同体的内部结构，给当代民间习武共同体及其拳种的发展带来了巨大挑战。

面对当前极为复杂而不断发展变化的社会环境，一方面既需要民间习武共同体努力去适应。即加强民间习武共同体对内生态的适应性调节，这就需要民间习武共同体肩负起"继承保护、规划保护、创新保护"的责任；另一方面，又需要我们努力去为民间习武共同体的生存与发展创造一个良好的社会环境。在这一方面，国家起着决定性的作用。而且不仅依靠国家力量，还需要各方力量的积极协调与配合，才能够达成。在这一保护过程中国家应当肩负起"立法保护、经济保护、系统保护"的责任[1]。

国家采取保护的措施主要包括以下六个方面：第一，解决民间习武共同体各成员的经济生活来源问题，提供稳定对口的就业岗位保障。不仅局限于给予民间习武共同体适当的生活补贴，也不仅局限于提供民间习武共同体在对其拳种进行规划和推广方面所需要的经费资助[1]。当然"授之以鱼不如授之以渔"，给予民间习武共同体经济生活资助最佳方式，不如为他们创造更多的对口岗位更为实惠，这是提高民间习武共同体核心竞争力之所在。第二，建立健全民间习武共同体的保护制度，为民间习武共同体的健康和谐发展提供法律保障。改善民间习武共同体生存的社会制度环境，为其发展提供法律制度上的保障，同时赋予其相应的责任与义务。第三，保护和开拓民间习武共同体的文化空间，加强传统武术硬件基础设施建设。"文化空间"作为非物质文化遗产的一个基本类别，是指"定期举行传统文化活动或集中展现传统文化表现形式的场所，兼具空间性和时间性[2]"。加强在全国各"武术之乡"和习武氛

---

[1] 王岗, 吴志强. 民间传统武术保护中国家与传承人的双向责任[J]. 天津体育学院学报, 2010, 25（3）: 231-232.
[2] 郭玉成. 武术传承的文化空间[J]. 搏击·武术科学, 2007, 4（2）: 1-2.

围浓厚的城镇（乃至村落），以及传统武术某拳种发祥地（或集聚地）的武术训练场地、武术训练馆、武术文化馆、武术博物馆、武术兵器馆、武术名人馆、武术文化旅游区等硬件基础设施建设，定期定点举行各种丰富多彩的传统武术活动，为全国各拳种民间习武共同体的发展创造良好的社会环境氛围。第四，重视拳种文化生态博物馆的建设，在全国各武术之乡所在城市建设拳种文化生态博物馆。在拳种文化生态博物馆中将传统武术展演、传统武术历史、传统武术文化、传统武术文物、传统武术兵器、传统武术名人、传统武术文化旅游等功能融为一体，目的是将本地所有传统武术文化资源优化整合在一起，使其中既有武术实物（如传统武术兵器、传统武术书籍、传统武术文物、传统武术影像资料、传统武术名家遗物等）展示，又有武术非实物（如传统武术各拳种优秀代表的真人现场展演和互动）展示；既有真人武术表演，又有传统武术影像资料；既可以满足传统武术保护的需求，又可以满足传统武术科研的需要；既可以为民间习武共同体的可持续发展搭建文化平台，又可以促进当地旅游事业的发展，实现经济的创收。做到这些，须加强对本地和传统武术相关的有形实物的挖掘、收集、整理、归类工作，将所有和传统武术相关的非物质部分，或编撰成书或拍摄成影像资料，将其转化为易于保存的物质形态，然后统一放置到拳种文化生态博物馆中，以供人参观欣赏，这样不仅可以使游客通过有形实物的展示了解当地传统武术的历史文化，而且可以通过真人演示和影像资料的放映领略到当地不同传统武术拳种的文化魅力。第五，设立拳种文化生态保护区，填补我国拳种文化生态保护领域的空白。目前，全国各种文化生态保护区的设立如雨后春笋般相继涌现。如闽南文化生态保护实验区（福建省，2007年6月）、徽州文化生态保护实验区（安徽省、江西省，2008年1月）、热贡文化生态保护实验区（青海省，2008年8月）等，而在"拳种文化生态保护区"的建设方面却是一片空白。基于对传统武术各拳种和各地民间习武共同体保护的需要，建议在全国各个武术之乡设立拳种文化生态保护区，如在河南省登封市设立少林武术文化生态保护区、在河南省焦作市温县设立太极拳文化生态保护区、在湖北省十堰市设立武当武术文化生态保护区、在河北省沧州市孟村县设立八极拳文化生态保护区、在山东省济宁市梁山县和菏泽市郓城县设立水浒武术文化生态保护区等，加大民间习武共同体保护的力度，加快传统武术保护的步伐，将拳种文化生态保护区的设立与拳种文化生态博物馆的建设有机结合，使它们相得益彰，互为补充，共同致力梁山县传统武术各拳种的保护，共同服务于梁山县民间习武共同体的可持续发展。

  以梁山地区为例。第一，由梁山县各拳种的民间习武共同体负责人、梁山县武术协会、梁山县梁山武学研究学会等与传统武术有关的组织或个人联合起来向该县政府文旅局提出设立"水浒武术文化生态保护区"，然后逐级向上申报，直至最后经中华人民共和国文化和旅游部批准同意设立水浒武术文化生态保护区为止[1]。第二，在提出设立"水浒武术文化生态保护区"的同时，加快推进梁山县与传统武术保护及发展有关的硬件基础配套设施建设。其一，在习武氛围浓厚的乡镇或某拳种聚集地建设专门的武术训练场地或武术训练馆，提升县内传统武术硬件设施水平。其二，建设集传统武术展演、传统武术历史、传统武术文化、传统武术文物、传统武术兵器、传统武术历史名人、传统武术文化旅游等诸多功能为一体的拳种文化生态博物馆，也可以根据梁山县政府规划，结合梁山县传统武术发展的实际情况，在梁山县市内有选择性地建设武术文化馆、武术博物馆、武术兵器馆、武术名人馆、武术文化旅游区等设施宣传本县传统武术文化。再次，大力挖掘、收集、整理、归纳与水浒武术文化相关的所有有形实物，并将当地传统武术拳种或编撰成书，或拍摄成影像资料，将其转化为易于保存的实物形态，然后放置到相应的展览馆或水浒文化生态博物馆中，以供游人参观和武术文化研究。其三，建议在梁山县城内或乡镇定期定点开展各类丰富多彩的传统武术文化交流与宣传活动，最好是每年或固定每隔两年或固定每隔四年开展一次规模最大的武术交流与展演活动，以营造良好的武术文化氛围。第三，在对梁山传统武术各拳种的保护方面，其一，需要国家、

---

[1] 李成银.设立"水浒武术文化生态保护区"的可行性研究[J].西南民族大学学报：人文社会科学版，2011（11）：141-143.

地方政府及社会各界力量提供资金支持。其二，还需要国家或地方政府专门立法立规对民间习武共同体及其拳种加以保护。两者缺一不可，互为补充。国家、地方政府及社会各界力量为民间习武共同体的发展提供资金支持，以满足他们在传统武术训练、发展与推广等方面的资金需求，为传统武术的保护、传承与发展提供资金上的保障。其三，需要国家或地方政府专门立法立规对民间习武共同体及其拳种加以保护。需要说明的是，这里的立法立规不仅是对阻碍或破坏民间习武共同体正常发展的行为做到依法依规处置，更为重要的是，通过立法立规的形式以明确民间习武共同体各成员所应履行的具体责任与义务，尤其是非遗传承人及各民间习武共同体的主要负责人对其拳种的传承与发展所应承担的责任与义务。对于完成任务或贡献突出的民间习武共同体组织或个人应及时给予嘉奖，同时也要对没有完成任务的民间习武共同体的组织或个人及时给予惩罚，形成奖罚分明的奖惩管理机制。所以，如果只提供资金保障，而缺少立法立规明确责任与义务，难免会有一些"投机取巧"者；如果只有立法立规明确责任与义务，而缺少资金保障，也难免会使责任与义务无法得到有效地落实。因此只有将两者结合，才能对非遗传承人及各民间习武共同体成员形成有效地管理和牵制，才能有利于推动民间习武共同体积极主动地为传统武术的传承与发展贡献智慧与力量。

第四，结合"水浒武术文化生态保护区"的建设，对梁山地区各民间习武共同体进行全地域、全方位、全过程的系统性保护。在设立"水浒武术文化生态保护区"前，地方政府相关负责人需要对梁山县所有民间习武共同体及其拳种进行走访摸查，在详尽了解后，根据拳种和民间习武共同体分布的具体情况，本着"以民间习武共同体为保护主体"和"科学指导、统筹兼顾、合理布局、精心规划"的原则，设立市（县）、镇（乡）、村三级联动机制的保护网络系统，即分别在市（县）、镇（乡）、村设立不同等级、不同规模、不同拳种，以及不同民间习武共同体组织的小的保护分区，乡镇（市区）和村落（社区）两级小保护区的设立对整个梁山县"水浒武术文化生态保护区"设立具有承上启下的作用，这样更有利于整个梁山县保护区设立后的责任下放和有效管理。特别是将民间习武共同体作为"水浒武术文化生态保护区"基本保护单位的确立,为保护区设立后具体责任的落实和政府的精准施策提供了极大便利。如梁山县小路口镇有佛汉拳和黄氏二郎拳两个拳种,其中小路口镇的黄那里村又是整个梁山地区黄氏二郎拳的发祥地,在申请设立"水浒武术文化生态保护区"前,可以先在小路口镇设立佛汉拳和黄氏二郎拳重点保护镇,然后再在黄那里村设立黄氏二郎拳发祥地重要保护村,最后根据村里民间习武共同体的具体情况设立一个或若干个民间习武共同体保护群体作为"水浒武术文化生态保护区"设立前的先行试点,从而形成一套由市(县)到镇(乡)再到村,最后落实到具体民间习武群体的完整保护体系,以期实现梁山县"水浒武术文化生态保护区"内所有民间习武共同体及其拳种的发展与繁荣。

(三)文化环境:大力宣扬传统武术的当代价值

让广大民众认识到传统武术不可比拟的当代价值是他们自觉地参与到传统武术的保护与习练中来的前提和基础。在以追求健康为主题的21世纪,尤其是在倡导大力开发传统武术健康、养生、娱乐等方面功能价值的当下,找到其他外来体育项目所不具备的为传统武术所独有的功能价值,对传统武术在当前的发展而言至关重要。只有当人们对传统武术的独有价值有一个深刻地认识和了解时,才会有利于传统武术的推广及其民间习武共同体的发展。

传统武术的独有价值是什么?或者说,传统武术所蕴含的其他外来体育项目不可替代的功能价值是什么?这是一个亟待探究的问题。从学界对传统武术所蕴含的技击价值、文化价值、健身价值、养生价值、教育价值、体育价值、审美价值、娱乐价值、经济价值、爱国价值等诸多功能价值进行剖析发现,学界往往习惯于将传统武术所蕴含的丰富功能价值——肢解开来分析。然而,这样很快就会意识到,肢解开来的传统武术中的每一项功能价值似乎都可以从其他体育运动项目中找到替代品。如论传统武术的健身价值,一般的外来体育项目皆兼而有之;论防卫价值,拳击、跆拳道、泰拳、综合格斗等很多技能主导类格斗对抗性项目皆兼而有之等;论文化价值,任何外来体育项目均或多或少地具有一定的文化内涵；论养生价值，散步、快走、慢跑、瑜伽、登山等运动项目（方式）亦具有一定的养生功效等，因此很难找出传统武术的独特性究竟在哪里。这就如同拿一个人身上的所有标签从很多人身上找相同点一样，得出的结论往往是将一个人与很多人进行对比后的，这样就会发现贴在每一人身上的每一个标签，总能够从其他人身上找到相同点或相似点，从而消解了一个人的完整性和独特性，犯下了形而上学的思维错误。实际上，一个人身上的特质是由其身上所有标签综合显现出来的，且是其他任何一个个体的人都无法完全替代的那部分。因此，特质往往是流动性和不确定性的，是与不同的对象进行综合对比后所得出来的。因此，一个人整体散发出来的气质也成就了一个人存在的独特价值与意义，而不是相反。

传统武术的独特价值亦是如此，是由传统武术身上所携带的所有功能价值标签综合表现出来的一种不同于其他任何体育项目的那部分。这些功能价值对它的习练者所产生的影响无外乎为身与心两个方面，是对习练者身心的文化濡化（由赫斯科维茨提出）。习练者通过传统武术身心俱练、内外兼修的文化濡化过程从而获得一种与其他任何一项体育项目都不同的文化气质，这是我们中华民族屹立于世界民族武技之林的文化认同和身份认同，更是传统武术在当代存在的价值与意义所在。

需要解释的是，"内外兼修"的"内"是指传统武术对人的精神方面的培育，体现的是传统武术修心方面的价值；"外"是指传统武术对人的身体方面的塑造，体现的是传统武术修身方面的价值。通过长期艰苦的传统武术的习练过程，于身，则会塑造良好的身体形态，提高习武者的技击能力和健康水平；于心，则会培养良好的精神状态，提升习武者的尚武气质、审美情趣、爱国情怀等，"修身"和"修心"伴随着习武者的整个习练过程，从而使习武者身（外）心（内）得以全面发展，最终塑造成一位身心健康而阳光、内外和谐而完整的人，这就是传统武术所赋予习练者的独特魅力和气质所在，这就是传统武术存在的价值与意义所在，也是需要国家教育部、文化部、国家体育总局等相关政府机构，以及各种非官方武术组织借助各种宣传媒介对广大民众所要大力宣传的地方。

二、小环境调节

（一）保护好传统武术拳种的多样性

无论是在学术圈，还是在武术界，拳种都是划分传统武术门类的重要依据。如这是少林拳，那是洪拳；这是练太极的，那是练形意的。正是由于拳种的多样性才使传统武术不同拳种之间，以及它们与其所处环境之间构成了一套错综复杂的拳种文化生态系统。生态学理论认为，物种的多样性与稳定性之间存在一种必然的因果关系。"一个生态系统之所以具有自我更新和维持能力，是因为其中的不同物种之间存在着紧密的交互作用关系，这是维持生态系统健康的基础。物种两两间及多个物种间的相互关系构成了一个复杂的网络，物种间的相互关系及作用过程保证了系统的稳定。"[1]因此，拳种的多样性同样也是维系拳种文化生态系统稳定性的重要评价指标之一。拳种越丰富越复杂，也就意味着拳种文化生态系统的生命力和稳定性越高，意味着拳种文化生态系统的恢复能力和抗干扰能力越强。拳种越丰富越复杂，不同的拳种之间便会互相竞争，互相成就，从而提升彼此之间的生命力与创新力，以维系自我发展的需要；拳种越丰富越复杂，不同的拳种之间便能够互相学习，互相借鉴，从而彼此之间可以吸收更多的养分，以维系自我更新的需要。可见，拳种的丰富性和复杂性对于提升拳种的生命力和创新力，以及维系拳种文化生态系统的和谐与稳定都具有十分重要的意义。

同样，"生物多样性丧失也会降低生态系统的功能和服务，如生产力下降、养分循环失衡、传粉能力下降等"，影响生态系统的稳定性[2]。因此，拳种多样性的消失、拳种文化生态系统的退化必然会对拳种文化

---

[1] 陈亮，王绪高. 生物多样性与森林生态系统健康的几个关键问题 [J]. 生态学杂志，2008，27（5）：818.

[2] 徐炜，马志远，井新，贺金生. 生物多样性与生态系统多功能性：进展与展望 [J]. 生物多样性，2016，24（1）：55-56.

生态系统的稳定性及其民间习武共同体的生存与发展带来一系列无法预估的负面效应。

拳种的多样性是维系民间习武共同体生命活力的基础，拳种越丰富，拳种文化生态系统的稳定性越高，对环境的适应能力也会越强；反之，拳种越简单，拳种文化生态系统的稳定性越低，对环境的适应能力也会越弱。当然，人是非物质文化的活态载体，传统武术习练者是拳种的活态载体，民间习武共同体是拳种传承与发展情况的集中体现，除了拳种可以反映出拳种文化生态系统的稳定性和生命力之外，民间习武共同体的规模、结构与质量等因素更能够清晰地反映出来。

当国内竞技武术产生与西方体育涌入后，传统武术面临着来自竞技武术与外来体育内外双重竞争威胁。尽管在此之前，不同拳种不同民间习武共同体之间甚至同一拳种不同民间习武共同体之间也存在着残酷的竞争关系，但是不过是传统武术内部此消彼长总量不变的竞争关系，实际上，对于某一拳种的某一民间习武共同体而言，最主要的不是来自同一拳种不同民间习武共同体之间的竞争，而是来自不同拳种不同民间习武共同体之间的竞争。可以理解不同拳种不同民间习武共同体之间的竞争是为了各自拳种的发展利益，而同一拳种不同民间习武共同体之间的竞争是为了拳种内部各自群体的发展利益。然而，竞技武术的产生和外来体育的涌入则不同，因为它们影响的是所有传统武术拳种的共同发展利益，因此可以说，竞技武术与外来体育是传统武术各拳种的共同"敌人"。根据上述生态学理论，保持拳种的多样性成为传统武术各拳种应对外来体育与竞技武术竞争的关键。

保持拳种的多样性的措施有：第一，濒危拳种优先保护策略。濒危项目优先保护是非物质文化遗产保护的重要原则之一。具体是指对非物质文化遗产保护"要区分轻重缓急，集中力量将那些处于濒危状态的优秀非物质文化遗产及时有效地实施抢救与保护，避免'人亡艺绝'的事件和'人间国宝'的消失"[①]。要想保持拳种多样性，当务之急，就是要

---

① 李荣启.论非物质文化遗产保护的主要原则与方法[J].广西民族研究，2008（2）：187.

集中力量将那些濒临灭绝的传统武术拳种（如广东省惠州市汝湖镇的龙形拳、被国家定为濒临灭绝的稀有拳种的两仪拳、山东邹城一带的文圣拳等）优先保护起来。鼓励濒危拳种当地对传统武术感兴趣的民众，特别是当地中小学中的青少年群体，积极主动地投身到对这些濒危拳种的学习和保护中来。也可以通过与本省或全国有体育学院武术专业学生的高校合作，特别是与全国各大体育高校武术学院（或武术系）的合作，每年定期定量地派遣学生去濒危拳种所在地学习的方式，或每年定期邀请濒危拳种的优秀传承人进高校进行传授的方式，解决这些濒危拳种后继传承人的问题，千方百计避免这些濒危拳种出现"人亡艺绝"的现象。第二，整体性保护策略。整体性保护也是非物质文化遗产保护的重要原则之一。"所谓整体性就是要保护文化遗产所拥有的全部内容和形式，也包括传承人和生态环境。这就是说要从整体上对非物质文化遗产加以关注并进行多方面的综合保护。"[1]这里的整体性保护策略，保护的内容不仅包括拳种套用内容、拳种所处的生态环境等，而且包括拳种继承人的保护，以及连同满足"传"与"承"的各种有利条件等一同保护起来，为所要保护拳种创造在当代传承与发展的"天时、地利、人和"环境。第三，鼓励创新策略。这里的创新是指建立在继承传统基础之上的创新。正如我国当代著名美学大师王朝闻先生所说，"传统和创新是一致的，一个是一个的基础，一个是一个的延伸"[2]。创新是实现传统武术拳种在当代发展与繁荣的必由之路，也是实现传统武术拳种多样性与丰富性的基础。因此，保护拳种多样性应当大力鼓励创新，使之符合当前时代的发展，满足当代人们对精神文化的需求。

（二）增加习练传统武术的"砝码"

尽管以上已经提出了很多针对民间习武共同体内生态与外生态具体的调节方法和保护策略，但是基本上都是围绕着民间习武共同体的内生

---

[1]李荣启.论非物质文化遗产保护的主要原则与方法[J].广西民族研究，2008（2）：186.
[2]艾斐.现代文化审美的科学形态[M].太原：山西人民出版社，1992：119.

态与外生态面临的主要问题及内生态与外生态之间的互动关系展开的。但是，当遇到"功能生态位"相同的外来体育和能够产生类似自然界生物中"同类相残"效应的竞技武术时，民间习武共同体该如何求得生存，即如何提高民间习武共同体在面对外来体育和竞技武术时的核心竞争力是一个亟须深入探究的问题。

众所周知，一种生物要想在自然界获得独立生存的能力，不仅需要自身具备捕食猎物的能力，也需要具备同"功能生态位"相同的其他生物相竞争的能力。"功能生态位"的概念是动物生态学家查尔斯·埃尔顿于1927年在《动物生态学》一书中首次提出的，认为一个动物的生态位表明"其在生物环境中的位置及其与其他食物和天敌的关系"。并进一步举例说："北极狐和非洲鬣狗因为吃相似的东西，所以具有相同的生态位。"[1]"功能生态位"相同的情况在自然界中屡见不鲜。以猫头鹰和猫为例，因为它们都以捕食老鼠为生，因而具有相同的"生态位"。二者虽然都以捕鼠为生，但是猫多以捕食家鼠为生，而猫头鹰多以捕食田鼠为生。当然，二者也有相互竞争的时候，但是由于各自都有不同的生活习性，以及高超的生存技能，因而二者才能千百年来相安无事繁衍至今。

相对于传统武术这一文化物种而言，在外来体育和竞技武术出现之前，国内并未有与其"生态位"相同的其他文化物种存在。如上文所说，尽管那时不同拳种（门派）之间也存在着竞争现象，但是由于它们同属于传统武术的范畴，因此不过是传统武术内部之间的竞争，无论孰输孰赢，对于整个传统武术发展并不会带来存亡的影响。不仅如此，通过传统武术内部不同拳种或不同门派之间的良性竞争，反而有利于促进这些拳种和门派的发展。然而，当外来体育涌入后与竞技武术产生时，传统武术的生存便受到了来自外来体育和竞技武术的生存威胁。之所以将外来体育与竞技武术列为与传统武术"功能生态位"相同的文化物种，主要是因为外来体育与竞技武术在功能价值上与传统武术发生了重

---

[1] 李雪梅，程小琴.生态位理论的发展及其在生态学各领域中的应用[J].北京林业大学学报 2007.29（增刊2）：295.1927：63-68.

叠与冲突,侵占了原本只属于传统武术的文化市场,抢去了原本属于传统武术的群体根基。以身体运动为主并具有技击性、健身性、娱乐性等功能的外来体育项目,以及以武术为名可以参加除奥运会以外的几乎所有大型综合体育赛事争金夺银的竞技武术,它们二者的存在无疑会对传统武术的生存与发展带来严重威胁,无疑会与传统武术之间产生残酷的竞争关系,无疑会影响到民间习武共同体的传承与发展。因此,这就需要提高民间习武共同体在面对它们时的核心竞争力。

在现实社会中人们选择运动的原因无非有两种:第一,出于个人的喜好。爱因斯坦曾说"兴趣是最好的老师",很多人出于个人的喜好而选择一项体育运动,特别是当他们能够从这项体育运动中体验到其他运动项目所体验不到的快乐时,很容易因此而爱上这项运动,成为一生的爱好,这样的例子在生活中比比皆是。第二,出于功利性的目的。在现实生活中,也有很多人(尤其是各运动项目的精英群体)出于功利性的目的而选择从事一项体育运动,以希望从中获得丰厚的名利回报和更好的生活保障。因此,当面临那些运动形式时尚、规则体系完善、趣味娱乐性高,又能够带来健康快乐,甚至带来名利双收的运动项目时,传统武术的竞争优势明显相形见绌。

因此,反观传统武术,拳种套路的多样性、技术体系的复杂性、习武过程的艰苦乏味性等,使得其在体育文化多样化面前,明显不占有任何优势,人们很难有充分的理由和坚定的信念会去选择习练传统武术。所以,这便需要民间习武共同体面对当前社会大众主流需求和传统武术精英需求进行技术改造和升级,最大限度地开发传统武术当代价值的同时,不断地增加习练传统武术的"砝码",并可以通过这个"砝码"让传统武术习练者获得一些实实在在的益处,提升传统武术面对其他"功能生态位"相同文化物种时的核心竞争力。

(三)大力开发传统武术的当代价值

中国古话说"授人以鱼,不如授之以渔"。对于传统武术爱好者而言,相对于申请非物质文化遗产保护,给予各拳种(门派)传承人甚

第五章 论民间习武共同体的文化生态调节

至民间习武共同体集体经费资助，反不如能够为他们提供更多的逐梦舞台，以及更多的就业岗位和就业机会，使他们能够通过传统武术实现自我人生的价值，这将会非常有意义。

在农耕文明时代，传统武术之所以屡禁不止，发展不辍，重要原因之一就在于国家需要武术人才，社会需要武术人才，人们自身也需要武术以防身自卫和保家卫国。所以在农耕文明时期传统武术有着极其广袤的生存空间。因此，传统武术欲想在当代继续发展下去，必须也要满足国家和社会的需要。实际上，传统武术发展至今，也并非毫无用武之地。"尽管民间武术拳种生存和发展的文化生态空间在不断发生嬗变，但其仍然具有现代社会发展所需要的防卫功能、休闲功能、维护民族文化生态功能。"[1]

环顾当前世界，随着全球化时代的持续推进和不断深化，各国之间在经济、政治、文化、社会等各方面的交流与联系日益紧密，由此带来的各种矛盾与冲突也越来越多，传统安全与非传统安全相互交织，给人类社会带来诸多不稳定不和谐的因素。社会上各种暴力恐怖事件、校园欺凌事件等呈逐年上升趋势，民族分裂主义、暴力恐怖主义等各种社会安全威胁依然存在。尽管在面临先进的暴力工具时，传统武术的技击功能起到的作用非常有限，但是在关键时刻人们依旧需要用智慧和暴力来保护自己，特别是习武带来的尚武精神对提高人们面对各种暴力事件时的心理素质大有裨益。而且，社会上许多职业，如武警系统、公安系统、特警系统、军旅系统、保安系统、保镖系统等国家暴力机关与非国家暴力机构也需要大量会武术的人员，以维系国家和社会安定，保护人们的财产安全，这些都是传统武术当代价值开掘的重要方向。

进入以习近平总书记为领导核心的新时代以来，文化安全和文化软实力得到空前的重视，传统武术所蕴含的"传承中华文化，弘扬民族精神"的文化价值得以彰显，引起武术界很多学者的关注，实现传统武术的当代价值和历史传承，特别是当代武术应当承担的文化使命、教育使

---

[1]王红芳，陈永辉，谭克理，陈勤.文化生态视野下中国民间武术拳种价值开发研究[J].首都体育学院学报，2011，23（3）：213-216.

命、科学使命三重主要使命，成为新时代武术学界研究的重要方向[①]。研究认为，实现途径主要有两条。

1. 普及传统武术教育，大力培养传统武术后备人才

解决传统武术传承与发展危机的最佳途径是进入全国各地学校教育系统，特别是各地武术学校，积极与国家学校教育系统相融合，主动与国家教育发展战略相对接，以国家最新教育政策对体育课程和中华传统体育类运动的重视为契机，逐步建立起与普通小学、中学、高中、大学相对应的传统武术课程体系，将全国教育系统作为传统武术后备人才基地，大力推广普及传统武术。具体方略为：

首先，采用"先上岗，后授编"的方法吸引优秀拳师进入校园。"传统武术进校园"是一个老生常谈的话题。在2022年4月21日教育部向社会颁布的《义务教育体育与健康课程标准（2022年版）》中，中华传统武术体育项目正式纳入校园体育课程，并计划于2022年度秋季新学期正式施行。以此为契机，建议优先推进濒临失传的传统武术拳种进入校园，以解决这些拳种濒临失传的风险。这样做的好处是可以将各地域不同的传统武术拳种利用各地方的学校系统传承发扬下去，摆脱传统武术各拳种特别是那些濒临失传拳种传承与发展的危机，形成各地域各学校自己的武术办学特色，并有利于保护拳种的地域性和多样性。传统武术进校园首要解决的是师资问题，建议各学校"因地制宜，就地取材"，以"先安排上岗，后授予编制"的形式吸引（或邀请）本地优秀的传统武术拳师到学校系统中来。试用时间可根据各学校实际情况制定，但试用时间尽量不要太久，以一学期或一学年为宜，试用期间应保障传统武术拳师享受与其他学科教师同等待遇，试用期满后择优录取，授以编制。

然后，将传统武术列为小初高学校体育必修课。2022年6月24日第十三届全国人民代表大会常务委员会第三十五次会议表决通过新修订的《中华人民共和国体育法》，自2023年1月1日起国家将体育科目纳入初中、高中学业水平考试范围。传统武术完全可以充分利用这次千载难

[①] 邱丕相，杨建营. 当代武术的三重使命［J］. 沈阳体育学院学报，2009, 28（4）：1-5.

第五章 论民间习武共同体的文化生态调节

逢的良机，以一门体育科目的身份进入国家小学、初中、高中学业水平考试的范围，研究并建立符合其学科特点的考核机制，使传统武术成为小学、初中、高中体育课的必修科目，鼓励学生从小练习传统武术。在外来体育项目之外，让学生多一个具有自己民族文化特色的体育课程选择，以培养学生的文化自信和爱国精神。

最后，采用"班级授课制+师徒传承制"模式传授传统武术。传统武术拳师进入学校系统后，可采用"班级授课制+师徒传承制"的形式向学生传授传统武术，通过"班级授课制"挑选出具有习武潜质且喜爱传统武术的"好苗子"，在充分尊重学生意愿的基础上，经过与学生的家长和学校多方协商后，可以通过传统拜师仪式正式收入门下成为"入室弟子"，对其进行着重培养，使学校系统成为传统武术的重要人才培养基地。这样不仅解决了传统武术习练者的出路和就业问题，而且解决了传统武术传承与发展的问题；不仅传承了中华传统文化，弘扬了民族文化精神，而且培养了学生的文化认同感，塑造了学生尚武崇德的品格，可谓一举多得。

以上是针对传统武术在全国普通中小学的推广与普及策略。此外，传统武术还可以通过进入私立武术学校，以及由中央或者地方政府投资创办公立武术学校的形式进行传承与推广。武术学校是培养武术专业人才的重要基地，是传播与发展武术的最佳场所。传统武术若是能够进入武术学校传授，必将会解决传统武术传承与发展后继无人的问题，传统武术的发展势必会迎来新生。然而，需要思考的是传统武术进入武术学校后可能需要面临的一些问题。例如，传统武术如何与竞技武术协同发展、传统武术如何与进入武术学校的其他拳种和谐相处、传统武术如何在武术学校实现创新发展、传统武术如何在武术学校发挥自身存在的价值与意义等问题。当然，练习传统武术和练习竞技武术并不冲突，甚至练习传统武术还有助于学生对竞技武术技能的理解和掌握，反之亦然。因为毕竟竞技武术由传统武术发展而来，但是关键问题是对于在以国家教育发展战略和国家体育总局武术发展政策为导向、以参加武术比赛为学校增光添彩为目标、以实现武校发展的经济效益和社会效益为根本的武术学校而言，如何提升传统武术在武术学校的必要性和重要性、让武术学校创办者意识到传统武术对于武术学校生存发展的重要意义是一个需要深入思考和研究的问题。

另外，传统武术还需要进入高校系统，特别是进入那些拥有武术与民族传统体育学学科的高校，对于传统武术人才培养体系的完善具有重要意义。没有武术与民族传统体育学学科的普通高校可以通过在学校创建传统武术社团或传统武术协会的形式推广与发展传统武术。针对拥有武术与民族传统体育学学科的高校，其武术专业学生的培养可以通过采用"双导师制"的模式，让传统武术拳师参与到高校武术专业人才培养中来。针对就读于我国高校武术与民族传统体育学学科的武术专业学生，无论是本科生、硕士生还是博士生，只要专业是武术与民族传统体育学专业，必须在选择本高校一名武术专项老师为导师的同时，也要选择一名校外传统武术拳师作为传统武术导师。需要说明的是，学生的校外传统武术指导老师可以由其高校武术专项导师指定，也可以由学生自己选择。高校武术专项导师除了需要负责指导学生的武术专项技能外，还需要负责指导学生武术文化基础理论的学习和武术科研能力的提升；校外传统武术导师则主要负责传授给学生本门派的拳种。在每个学期末组织武术技能考试时，除了需要考试高校武术专项导师指导的武术内容外，也要考试校外传统武术导师指导的武术内容。考试时两门课程所占比重相同，建议分开考，各占100分，以60分为及格线，考试不及格者给予一次补考机会，补考不过重修，重修不过将无法得到毕业证书，以这种形式使传统武术与竞技武术携手联姻，成为我国高校武术与民族传统体育学专业学生必修的两门主干课程，以此开阔学生的专业视野，提升学生的专业素养，培养学生掌握多种专业技能，也借此打破学院派和民间派之间的固有壁垒，增进彼此交流，共同促进武术事业的和谐发展。

2. 健全武术教育系统，重点培养传统武术精英人才

建立健全与我国各级普通学校教育系统相对应的专门传授武术（特别是传统武术）的武术教育系统，由国家级、省级（直辖市、自治区）、市（县）、镇（乡）四级行政等级教育系统构成。具体方法如下。

首先，专门建设一所国家级综合性研究型的"中国武学大学"，着重培养高、精、尖的各类武术人才，特别是传统武术高端人才，传承、发展与创新传统武术拳种体系。根据传统武术立身需要，深入挖掘传统武术在现代搏击实战对抗中的应用价值，不断地提升传统武术技击方面的工具属性；根据传统武术发展需要，大力开发传统武术在健康产业和休闲娱乐产业方面的发展前景和市场潜力，特别是在疾病预防、治疗、康复等方面的健康价值，不断地提升传统武术健康方面的工具属性。使传统武术既能够满足人们人身安全的需要，也能够服务人们身心健康的需求，凸显传统武术存在的独特价值和重要意义；使"武"能够成为和"文"同等重要的存在，恢复中华传统文化"文武之道"的传统，重振中华民族的尚武精神，提升中华武术新时代的社会地位。"中国武学大学"以"弘扬武术文化，传承武术精神"为宗旨，以传授武术技能、研究武术文化和开发武术多功能价值为方向，以培养社会所需要的各类武术人才为目标，以全国最雄厚的师资力量、最完备的硬件设施、最优美的校园环境为吸引全国各地武术学子的"磁石"，努力将其建设成为全国水平最高、条件最好、规模最大的，并在世界具有一定影响力的武学大学。建设"中国武学大学"的初步设想如下：

第一，由教育部和国家体育总局两大政府部门共同牵头，在北京设立一所由双方共同管辖或一方管辖的国家级"中国武学大学"，大学设有本科生、硕士生、博士生一套完备的武术各类人才培养体系。

第二，在大学的教学机构中，设立"传统武术学院""竞技武术学院""武术艺术学院""武术与健康学院""武术社会科学学院""武术自然科学学院"等6个学院。①"传统武术学院"主要传授国家体育总局认定的129种拳种，根据拳种发祥地或地理区域分布划系，下设华北拳种系、华东拳种系、华中拳种系、华南拳种系、东北拳种系、西南拳种系、西北拳种系七个系。这样分的好处在于有利于消除不同拳种之间的偏见，避免引起不同拳种之间的对立对抗，增进不同拳种之间的团结、交流与合作。②"竞技武术学院"主要传授追求"高、难、美、新"的各种竞技武术表现难美性项目和追求"克敌制胜"的各类竞技武术同场对抗性项目。竞技武术学院下设竞技武术套路系、竞技武术格斗系两个系。其中，竞技武术套路系主要传授国内外各种大型体育（武术）赛事设定的那些竞技武术套路项目，如长拳、太极拳、南拳、剑术、刀术、枪术、棍术以及其他拳术、其他器械、对练项目、集体项目等表现难美性项目。竞技武术格斗系主要分为竞技武术徒手格斗和竞技武术兵器格斗两个专业。其中，竞技武术徒手格斗专业主要传授武术散打、中国式摔跤、太极推手等徒手类同场对抗性项目；竞技武术兵器格斗专业主要传授短兵、长兵等器械类同场对抗性项目。③"武术艺术学院"主要以传授武术表演技能和开发武术表演功能为主。"武术艺术学院"下设武术舞蹈系和武术表演系两个系。武术舞蹈系以传授各类武术舞蹈内容和促进武术舞蹈创新发展为主，在古代武舞、传统戏曲和现代武术舞蹈的基础上探寻武术与舞蹈融合的新路径，将武术与舞蹈有机结合，满足社会大众对精神文化的多元化需求。武术舞蹈内容体系大致可以分为古代武术舞蹈、武术戏曲舞蹈、现代武术舞蹈三类。武术表演系主要培养专业的武打影视明星和武打动作指导，传授武打影视表演、武打动作编排与设计等内容，为武侠武打类影视剧培养和输送专业的武术人才。④"武术与健康学院"主要以我国传统中医（包括中医养生理论）理论为指导，运用现代先进的科学技术和科研仪器设备探究武术（特别是传统武术养生功法）对人类健康的影响、作用与机理，厘清武术在疾病预防、治疗、康复等方面的具体价值功效与内在机制原理，根据患者不同症状研究制定不同的武术运动处方，最终建立一套科学化、规范化、体系化的武术医学学科体系。武术与健康学院下设武术养生系（治未病）和武术养疗系（治已病）两个系。武术养生系以建立一套科学完整的武术养生学科体系为目标，主要传授古今各类武术养生功法（如太极拳、八段锦、五禽戏等），并深入挖掘传统武术养生功法中具有治疗功效的技术内容（如太极桩、无极桩、混元桩、三体式桩等），整理汇编成书文体系；武术养疗系以建立一套科学完整的武术医疗科学体系为目标，主要分为"武术疗身"和"武术疗心"两个专业方向，"武术疗身"主要传授和研究武术（特别是传统武术养生功法）对于人类某身体疾病的具体功效与内在机理，如八段锦"调理脾胃须单举"动作对于人类脾胃的具体功效与内在机理，形意拳三体式桩功对于人类膝关节损伤后稳定性的治疗功效与内在机理等。"武术疗心"主要传授和研究武术（特别是传统武术养生功法）对于人类某精神和心理方面的具体功效与内在机理。如太极拳对于人类失眠、焦虑、抑郁等精神和心理方面的具体治疗功效与内在机理等。⑤"武术社会科学学院"主要传授与研究武术哲学、武术历史学、武术社会学、武术伦理学、武术民俗学、武术人类学、武术传播学等武术社会科学方面的内容，用社会科学的学科及理论指导和研究武术。根据社会科学包含的学科和武术研究内容的需求，可以下设武术哲学系、武术历史系、武术人文科学系等三个系。⑥"武术自然科学学院"主要是传授和研究武术自然科学方面的内容，用自然科学的学科及理论指导和研究武术。"武术自然科学学院"可下设武术物理科学系、武术生命科学系两个系。武术物理科学系主要传授与研究武术运动力学、武术运动化学等方面的内容。武术生命科学系主要传授与研究武术解剖学、武术生理学、武术心理学、武术生态学等方面的内容。

　　第三，针对大学师资问题，以"编制+高薪"的形式吸引全国各拳种（门派）最优秀的传统武术大师、世界竞技武术套路冠军、世界武术散打冠军、武术学界知名学者（教授）加入到中国武学大学师资队伍中来，为他们提供最好的训练场地和科研平台。大学各学院成立后，尽快建立一批高水平的武术运动队伍和武术科研队伍，加强武术的训练（特别是传统武术技击动作在现代搏击实战对抗中的应用实践训练）和科学研究（特别是加大传统武术对人类身心健康方面、武术训练科学化方面的研究）工作，本着"以理论指导实践，以实践检验理论"的原则，以高质量的科研成果助力武术（尤其是传统武术）及其相关学科的发展与繁荣。

　　其次，在全国各省（自治区、直辖市）级单位设立一所省级的传统武术学校，以雄厚的师资力量、完善的硬件设施为吸引省内武术学子的"磁石"，努力将其建设成为省内水平最高、条件最好、规模最大的传统武术学府。学校里面设有从小学到高中（条件达到时，也可以申请设立武术高等教育）的完整武术人才培养体系，是中国武学大学传统武术人才的重要培养基地。和中国武学大学一样，一方面，不仅需要将本省各拳种（门派）的优秀传承人高薪聘请到省级传统武术学校中来，专门教授传统武术；另一方面，也需要建立一批优秀的武术科研队伍，以加强对本省传统武术各拳种的研究,促进本省传统武术各拳种的发展与繁荣。

再次,在各市(县)级单位设立一所市级的传统武术学校,尤其是被评为"武术之乡"的市(县),应当发挥模范带头作用,将市级传统武术学校办好办精,努力将其建设成为市内水平最高、条件最好、师资最强、武术学子人人向往的传统武术学校。和省级传统武术学校一样,市级传统武术学校也可以根据本市实际情况,设置从小学到高中完整的武术人才培养体系,是各省级传统武术学校传统武术人才的重要培养基地。一方面,需要将本市(县)所拥有的一些拳种(门派)的优秀传承人聘请到市(县)级传统武术学校中来,专门教授传统武术;另一方面,根据需要,也可以聘请一些武术科研人员加强对本地传统武术各拳种的研究。

最后,根据各镇(乡)武术发展的实际情况,在各镇(乡)设立一所传统武术学校,特别是习武氛围浓厚并拥有一种或多种传统武术拳种的镇(乡),应当肩负起传承与弘扬本镇(乡)传统武术拳种的责任,鼓励本镇民众习武,特别是青少年习武,将各镇(乡)级传统武术学校建设成为市(县)级传统武术学校的人才培养基地。各镇(乡)级传统武术学校可根据本镇(乡)实际情况,设置从小学到初中或从小学到高中的武术人才培养体系。把本镇(乡)各拳种(门派)最优秀的拳师聘请到镇(乡)级传统武术学校中来传授传统武术。经此,由国家至镇(乡)建立了一套完整的传统武术人才培养体系。

此外,被聘请到各级武术学校的传统武术拳师,除了享受和本级普通学校的老师同等待遇外,各级武术学校传统武术拳师也要参与职称评审,并给他们设立专门的评审制度。如国家级中国武学大学和省级(自治区、直辖市)设有高等教育的传统武术学校,其传统武术拳师享受和普通大学老师同等待遇,职称也可分为助教、讲师、副教授、教授等四级;省级(自治区、直辖市)、市(县)级和镇(乡)级的小初高的传统武术拳师享受和本级普通中小学老师同等的待遇,职称可分为中、高两级。

另外,在教学组织形式上,各级学校均可以将"师徒传承模式"和

"班级教学制"结合使用。班级教学的形式主要开设的是大班课,授课对象主要为"一般弟子";师徒传承的模式主要开设的是小班课,授课对象通常为"入室弟子"。进入学校学习武术的学生需要先上大班课,学习期满后,考核及格并得到师父认可者,便可以和师父及家长进行沟通,通过传统拜师仪式成为"入室弟子",拳师身份也由"老师"转变为"师父","入室弟子"可以通过师父开设的小班课继续跟随师父深造。若学习期满,考核及格而没有成为"入室弟子"的学生,也一样可以继续跟随拳师在大班课中学习,但是因未成为拳师"入室弟子",不是拳师拳种的传承人,因此今后也没有自立门户传授拳师拳种的资格,但是他们进入普通学校传授拳师拳种是可以的,而且也不影响他们今后报考中国武学大学及全国各大体育院校武术与民族传统体育学专业。对于考核不及格者,给予一次补考机会,若补考仍不及格者,劝其退学。因此,只有"入室弟子"才可以成为拳师拳种的传承人,并可以获得到更好的传统武术学校继续深造的机会,最终可以凭借自身能力选择考入中国武学大学或全国各大体育院校武术与民族传统体育学专业,学成后可具有自立门户收徒授拳的资格,以及在各级各类传统武术学校进行传统武术教学、传承与研究的工作。需要补充的是无论是"入室弟子",还是"一般弟子",学业期满后,都会颁发相应的毕业证书。"入室弟子"除了颁发证书外,还应当颁发一张某拳种优秀传承人的资格证书,以作为今后收徒授拳和应聘求职的证明;而"一般弟子"证书里面只有对某拳种学习期满的毕业证明。

以上简要介绍了建立各级传统武术学校的设想,但是如何获得源源不断的生源,又如何解决他们的出路是事关以上方案是否行得通的重要问题。如同邱丕相等人在《民族传统体育专业存在的主要问题及解决对策》一文中所说的那样:"目前民族传统体育专业的毕业生就业率极低,这是制约该专业进一步发展的最主要问题,该问题能否妥善解决,直接关系到民族传统体育专业的生死存亡,必须引起足够的重视。"[1]由

---

[1] 邱丕相,杨建营.民族传统体育专业存在的主要问题及解决对策[J].体育学刊,2008,15(12):4.

论民间习武共同体的文化生态保护

此可见，解决武术生源问题的关键在于解决武术学生的出路问题，即用学生毕业后美好的就业前景吸引更多的传统武术爱好者参与到传统武术的习练中来，并可以通过在各级传统武术学校的努力学习获得他们未来想要的理想工作和美好生活。如前所述，这也是提升传统武术当代核心竞争力的关键。

针对武术学生（特别是传统武术学生）的就业问题，根据以上四级武术教育系统的不同级别和不同层次，在就业设置上可有所差别。第一，中国武术大学的毕业生就业出路最广。一方面，可选择留在中国武术大学或进入全国任何一所高等学校传授传统武术或从事与传统武术相关的科研工作；另一方面，也可以通过免试直接进入国家武警系统、公安系统、特警系统、消防系统、军队系统、监狱系统等各种国家暴力机构或非暴力机构工作。第二，各省级传统武术学校的毕业生就业选择性也很多。一方面可以选择留在省级各级传统武术学校传授传统武术或从事与传统武术相关的科研工作，也可以通过面试进入到省内普通学校教育系统传授传统武术；另一方面，也可以通过面试进入到国家武警系统、公安系统、特警系统、消防系统、军队系统、监狱系统、保安系统、保镖系统等各种国家暴力机构或非暴力机构工作。第三，市（县）级和镇（乡）级传统武术学校就业出路可选择性也比较多。一方面，除了可以留在市（县）镇（乡）内传统武术学校传授传统武术外，也可以通过面试进入各市（县）镇（乡）的普通中小学从事传统武术教学工作；另一方面，也可以通过特招的方式进入到各市（县）镇（乡）的公安系统、消防系统、特警系统、监狱系统、保安系统、保镖系统等机构部门工作。这些工作不仅可以充分发挥他们的武术专业特长，而且解决了武术（特别是传统武术）学生就业难的问题，使他们无论是选择进入学校，还是选择进入国家机构，都可以选择自己喜欢的工作，都可以施展自己的武术才能。

由于全国仅有一所高水平的武术大学，在各省（直辖市、自治区）也仅设立了一所传统武术学校，包括全国拥有武术与民族传统体育学专业的高校招收的传统武术学生总人数是非常有限的，其中优秀的传统武术人才更是非常稀有。若是实现了传统武术进校园和传统武术毕业生可通过免试或面试的形式选择进入国家教育机构或各暴力机构工作的条件，相信不仅传统武术学校培养出来的传统武术人才供不应求，而且也一定会吸引更多的学生练习传统武术，从而解决了各级传统武术学校的生源问题和民间习武共同体及其拳种生存、传承与发展的问题。届时，传统武术一定会呈现"百花齐放，百家争鸣"的热闹景象。

  以上设计方案既解决了传统武术各拳种的传承与发展问题，又解决了民间习武共同体的生存与出路问题；既保护了传统武术拳种的多样性，又提升了传统武术拳种的核心竞争力；既扩大了传统武术的就业渠道，又拓宽了传统武术的功能价值；既提升了传统武术的社会地位，又实现了传统武术的社会价值；既有利于武术文化的传播，又保障了学生的规模与质量；既有利于培育学生的尚武精神，又有利于增强学生的文化自信；既满足了国家社会特殊岗位对武术人才的需求，又有利于国家社会的和谐与安定，真可谓一举多得。

结 论

随着冷兵器时代的终结和社会文明的更迭，传统武术的生存环境业已发生巨大变化，为民间习武共同体的传承与发展带来诸多现实问题与严峻挑战。本研究以保护民间习武共同体为论点，围绕为什么保护民间习武共同体和怎样保护民间习武共同体两个问题展开，在研究过程中触发了对民间习武共同体如何延续、濒危拳种如何自救、传统武术的存在价值如何彰显、传统武术的未来如何发展等一系列问题的深入思考。本文提出将民间习武共同体作为传统武术保护主体，以"生态文明理念"为指导思想，运用文化生态系统和文化结构理论对民间习武共同体的文化生态结构进行剖析与阐释，依据查阅的各类文献和收集的调研资料，深入分析了民间习武共同体的文化生态结构各要素当前所面临的主要问题，并针对这些问题提出相应的解决对策。结论认为：

第一，传统武术的保护主体应当是"民间习武共同体"而非"传承人"或其他。回顾传统武术的保护历史，从20世纪80年代的"拳种"保护，到新千年申遗时的"传承人"保护，再到后奥运时期提出的"武术文化"保护，传统武术保护主体（拳种→传承人→武术文化）的几经更易，迫使我们不得不重新反思传统武术的保护主体。研究认为，拳种是武术文化的核心载体，是传统武术保护的主要内容；传承人是拳种传播的"火种"，是传统武术薪火相传的关键；武术文化是拳种的价值所在，是传统武术保护的根本目的。本着"保护的灵魂是传承"的理念认为，传统武术作为一项非物质文化遗产，只有不断地有人继承才能保证其"社会继替"。由此可见，无论是拳种保护，还是传承人保护，还是武术文化保护，均无法满足"社会继替"的条件，而"民间习武共同体"由于包含师父（传承人）与徒弟（继承人）两个传统武术传承与发展不可或缺的基本要素，因而满足了传统武术"传"与"承"的所需条件。因此，本文提出了将"民间习武共同体"作为传统武术保护主体的观点。民间习武共同体不仅是传统武术保护的基本单位，也是传统武术门户的主体；民间习武共同体不仅是传统武术传承与发展的载体，也是传统武术文化的传承者与再造者。

第二，生态文明时代需要我们运用生态文明思想指导"民间习武共同体"的保护。进入新千年后，传统武术非遗申报热度持续走高，受非遗保护政策及其相关研究的影响，学界开始将传统武术保护的目光聚焦在"传承人"上，表现出"人类中心观"的倾向。实际上，无论是"传承人"保护，还是"民间习武共同体"保护，若只关注"人"，而忽略了对其生态环境的保护，都是"人类中心观"思想的一种体现。本文提出将民间习武共同体作为传统武术保护主体，若忽略了对民间习武共同体外部生态环境的关注，受"人类中心观"立场的局限，所做出的保护策略也是不够全面、不够客观的。因此，生态文明时代需要我们运用生态文明思想指导民间习武共同体的保护。生态文明是人类文明发展的必然选择，以"生态文明理念"为保护指导思想是包括传统武术在内的所有非物质文化遗产保护发展的必然趋势，启发人类在保护某种非遗文化时应重视对其文化生态环境的关注和保护。生态文明理念对民间习武共同体保护的启示是构建民间习武共同体与其文化生态环境良性循环发展模式，实现民间习武共同体自身可持续发展及其文化生态环境可持续发展。因此，面对传统武术传承与发展危机，实现民间习武共同体及其拳种的可持续发展，不仅需要我们寻找自身原因，加强对民间习武共同体内部文化生态环境的重视和研究，也需要我们深刻认识外部环境的影响，加强对民间习武共同体外部文化生态环境的重视和研究。只有当我们同时深入了解民间习武共同体赖以生存的外部文化生态环境和民间习武共同体自身内部传统武术文化生存与发展的机制时，才能够为下一步具体分析它们之间的复杂关系、存在的主要问题和主要矛盾奠定理论基础及依据，从而在此基础上找到实现民间习武共同体与其文化生态环境共同发展、和谐共生、互利双赢的方法和途径。

第三，将民间习武共同体的文化生态环境分为"外生态"与"内生态"两部分。依据文化生态系统理论，将民间习武共同体生存的外部文化生态环境称为"外生态"，分为大环境与小环境两部分。其中，大环境包括自然环境、社会环境、文化环境三个层次；小环境是指不同民间习武共同体之间结成的环境系统，主要分为两种关系类型，即同一拳种不同民间习武共同体之间的关系和不同拳种不同民间习武共同体之间的关系。依据文化结构理论将民间习武共同体自身内部的文化生态环境称之为"内生态"，分为物器技术层、制度习俗层、心理价值层三个层次。"外生态"与"内生态"有机构成了民间习武共同体两套向度不同却又紧密相连的文化生态体系。民间习武共同体外生态大环境中的三个层次与内生态中的三个层次，即自然环境与物器技术层、社会环境与制度习俗层、文化环境与心理价值层之间一一对应与相通，具有互相作用、互相影响的内在联系，民间习武共同体是通过武术实践活动将外生态与内生态统一起来的耦合体。

第四，时代变迁为民间习武共同体的生存发展带来了诸多现实问题与严峻挑战。民间习武共同体外生态中的大环境主要面临着自然环境破坏、社会环境变迁、社会文化观念转变的问题；小环境主要面临着外来体育掠走了民间习武共同体广泛的群众基础、竞技武术抽空了民间习武共同体潜在的精英人才、拳种消失打破了拳种原来的文化生态系统平衡。民间习武共同体内生态中的物器技术层主要面临着"复制"与"创新"功能退化的问题、制度习俗层主要面临着维系师徒传承动力不足的问题、心理价值层主要面临着对传统武术当代价值定位的迷茫和对自身存在价值定位的迷茫两方面问题，这些问题成为影响民间习武共同体可持续发展的"绊脚石"。

第五，调节民间习武共同体外生态与内生态之间的主要矛盾。主要矛盾有二：一是外生态的不断发展变化与内生态发展相对滞后之间的矛盾；二是人们文化价值观念的转变与民间习武共同体文化价值观念的固守之间的矛盾，特别是民间习武共同体对传统武术技击价值定位的固守。

基于以上矛盾的具体调节方略为：第一，依靠民间习武共同体的力量，调节民间习武共同体的内生态，以适应外生态的发展变化。做法为：物器技术层的调节，既要满足社会人民群众的需要——走群众化路线，又要满足传统武术精英的需要——走精英化路线。制度习俗层的调节，要善于利用名人效应，提高拳种社会知名度，完善师徒传承模式。心理价值层的调节，一方面需要民间习武共同体对传统武术价值进行重新定位，即对传统武术进行"一体多翼"模式下的适应性改造；另一方面需要民间习武共同体对自我存在价值重新定位，即对传统武术进行满足社会大众主流需求的适应性改造。第二，主要依靠各级政府力量及社会各方力量的协调配合以改善民间习武共同体的"外生态"，为民间习武共同体"内生态"的发展创造良好的外部环境。做法为：在大环境中，保护好物种丰富的自然生态环境，改善民间习武共同体的社会环境，大力宣扬传统武术的当代价值。在小环境中，保护好传统武术拳种的多样性，增加习练传统武术的"砝码"，通过普及传统武术教育广泛培养传统武术一般人才和建立四级传统武术教育系统广泛培养传统武术精英人才两种方式大力开发传统武术的当代价值。